Petite histoire de la radiesthésie

Tout le monde sait que la **radiesthésie** est l'art de manier un pendule, mais peu de gens savent que le mot ainsi que l'objet sont récents. Jusqu'au XIXe siècle, on ne connaissait que la « **sourcellerie** » (ou encore « **rhabdomancie** »), qui est l'art de manier une baguette de bois pour trouver les sources ou les eaux souterraines.

LA BAGUETTE, ANCÊTRE DU PENDULE

Depuis la plus haute Antiquité, on a utilisé la baguette pour repérer sources et minerais. Les Égyptiens, les Chinois d'il y a deux mille ans connaissaient très bien l'usage de la baguette. Dans les pays miniers, comme l'Autriche, les prospecteurs arpentaient les terrains avec leur baguette à la main, et l'on creusait à l'endroit qu'ils indiquaient. Il existe de nombreux témoignages historiques, dans toute l'Europe occidentale, sur l'activité de ces sourciers qui étaient capables de donner des indications très précises sur la profondeur et la qualité des eaux souterraines – ou des filons métallifères.

Pendant des siècles, en France, on n'a jamais construit une maison ni creusé un puits sans faire venir le sourcier local (car chaque village en avait un !). Il en existe encore aujourd'hui – c'est souvent un don transmis de parent à enfant.

La baguette était une branche de coudrier (ou noisetier) fourchue. Le sourcier tenait les deux fourches à bout de bras, et, lorsqu'il passait à la verticale d'une eau souterraine, la baguette se redressait, lui tournant entre les mains. Bien sûr, chaque sourcier avait sa méthode personnelle. Par exemple, l'abbé Bouly, de renommée mondiale, tenait compte du « rayon solaire », c'est-à-dire qu'il observait l'ombre de la baguette projetée sur le sol par le soleil. Lorsque la baguette se redressait, on creusait à l'endroit exact où elle avait

LA BAGUETTE DE COUDRIER

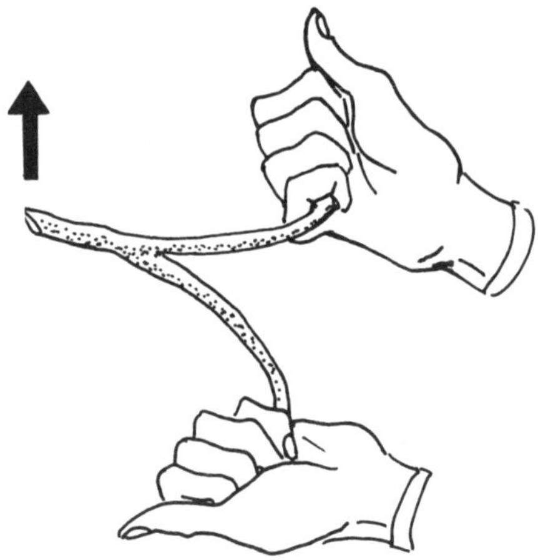

La flèche indique les mouvements de la fourche.

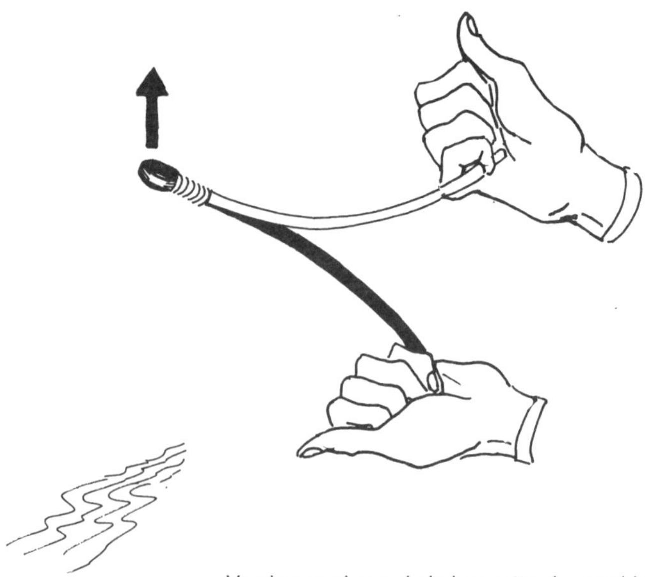

Courant d'eau
souterrain
ou source.

Version moderne de la baguette de coudrier, remplacée par deux lames de métal.
Elle se redresse à la verticale d'un courant d'eau (c'est le « signal du sourcier »).

porté son ombre. Certains utilisaient, et utilisent encore, des baguettes métalliques ou des fanons de baleine.

Les baguettes avaient d'ailleurs des formes différentes selon les pays, les traditions locales. Dans les mines allemandes et en Italie, on utilisait aussi une mince branche (de n'importe quel arbre) qui n'était pas fourchue, mais légèrement recourbée. Chaque extrémité était tenue dans une main ; cette baguette se relevait ou s'abaissait vers la terre lorsque le sourcier passait à la verticale de l'eau. Actuellement encore, des sourciers allemands, suisses et américains emploient cette forme de baguette « en arceau ».

Par exemple, récemment, lorsque certaines sociétés suisses ont voulu s'implanter à l'étranger, elles ont dû s'assurer que le site choisi était alimenté en eau. Pour la trouver, on a donc fait appel à des sourciers soit suisses, soit locaux. Ceux-ci utilisent différentes formes de baguettes (voir dessins), qui peuvent être, dans certains cas, en aluminium.

Chez les peuples latino-américains colonisés par les Espagnols, on utilise les « aiguilles espagnoles », jeu de quatre baguettes fourchues tenues par deux personnes (donc à quatre mains). Ces baguettes s'abaissent, tournent ou se relèvent pour indiquer l'emplacement de la source recherchée (car il y avait aussi des mines en Espagne, et l'on cherchait filons et gîtes métallifères de cette manière).

Certains se servent d'un simple bâton très mince et tout droit, long d'un peu plus de 1 mètre, qui ressemble à une canne à pêche. Il semble que cette version soit utilisée aux États-Unis, où l'on fait parfois appel à la radiesthésie non seulement pour trouver de l'eau (dans les déserts), mais encore du pétrole.

A l'heure actuelle, on a généralement recours à trois versions de la baguette.

1 – La fourche traditionnelle soit en bois, soit en fer (deux lames de fer souple accolées à une extrémité, voir dessin). Le radiesthésiste tient chaque lame de fer, comme le sourcier d'autrefois tenait les deux extrémités de la fourche de coudrier. En passant au-dessus d'un courant d'eau, l'extrémité pointue se redresse – qu'il s'agisse du bois ou du fer. C'est ce que l'on appelait traditionnellement le « signal du sourcier ».

2 – Le second type de baguette a la forme d'un L majuscule. Pour le fabriquer, achetez 1 mètre de fil de laiton assez épais (entre 3 et 5 millimètres de diamètre). Coupez ce fragment en deux mor-

RADMASTER (PAIRE DE BAGUETTES EN FORME DE « L »)

Comment fabriquer
la double baguette « radmaster » :

1. Plier le fil de laiton
aux deux tiers
(diamètre du fil de laiton : 3 mm).

2. Enfiler sur le segment court
un tube de bambou ou de plastique
maintenu aux deux extrémités
par deux perles collées
sur le fil de laiton ;
la baguette doit pouvoir
pivoter sur elle-même
lorsqu'on la tient en main.

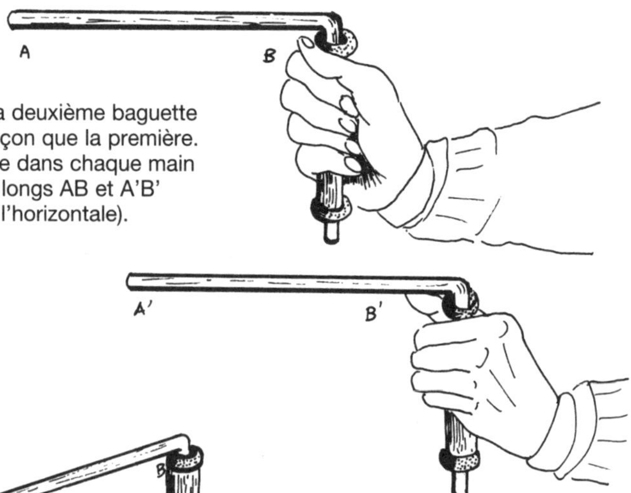

3. Fabriquer la deuxième baguette
de la même façon que la première.
En prendre une dans chaque main
(les segments longs AB et A'B'
doivent être à l'horizontale).

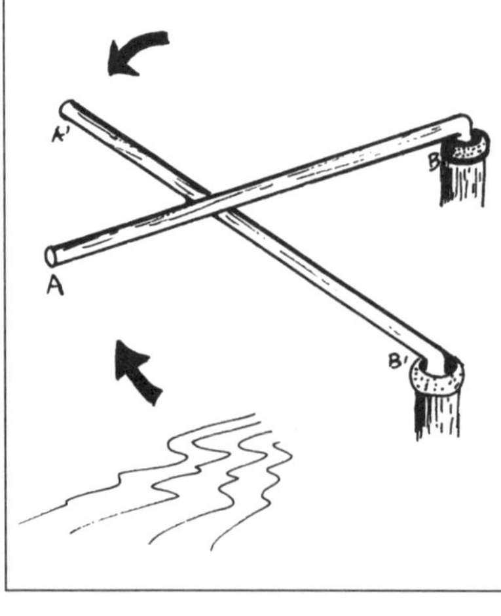

4. Les deux baguettes
se chevauchent en passant
à la verticale d'un courant
d'eau, ou d'une source,
ou d'un croisement des
mailles des réseaux telluriques
(Hartmann ou diagonal,
voir plus loin).

ceaux égaux (de 50 centimètres chacun). Pliez chaque morceau à angle droit, en forme de L, au tiers de la longueur. Vous pouvez ainsi tenir une baguette dans chaque main. Pour permettre à votre paire de L en fil de laiton de tourner plus facilement, enfilez l'un des segments dans un morceau de tige de bambou creuse (ou dans n'importe quel tube creux : vieux stylo-bille, tuyaux plus ou moins rigides, etc.). Voir sur le dessin la façon de tenir ces baguettes dans chaque main.

En passant à la verticale d'une source, d'un courant d'eau souterrain, d'une faille sèche ou humide, etc., les deux L se croisent entre les mains, face au radiesthésiste.

Ce type de baguette, appelée *radmaster*, est en usage en Europe et aux États-Unis. Pendant la guerre du Viêt-nam, l'armée américaine avait fait appel à des radiesthésistes pour déceler les pièges à « éléphants » (c'est-à-dire à GI) dissimulés sur les routes.

3 – Le lobantenne du Dr Hartmann. Celui-ci, pionnier allemand de la géobiologie, a mis au point un autre type de baguette, en forme de boucle. Vous prenez, pour la fabriquer, 1 mètre de fil de cuivre de 3 millimètres de diamètre. La longueur de la boucle est de 40 centimètres. Vous utilisez donc 80 centimètres pour la circonférence totale de celle-ci, laissant deux branches d'environ 10 centimètres de longueur de chaque côté pour tenir l'outil.

LOBANTENNE DU DR HARTMANN

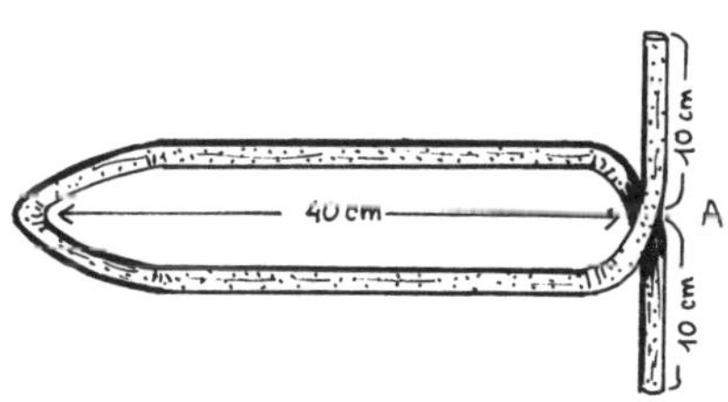

1. Un mètre de fil de cuivre (de 3 mm de diamètre) forme une boucle allongée qui doit être maintenue à l'horizontale par le sourcier.

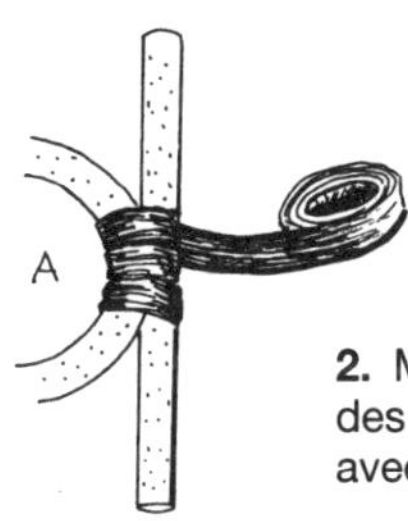

2. Maintenir le croisement des deux branches A avec du ruban adhésif fort.

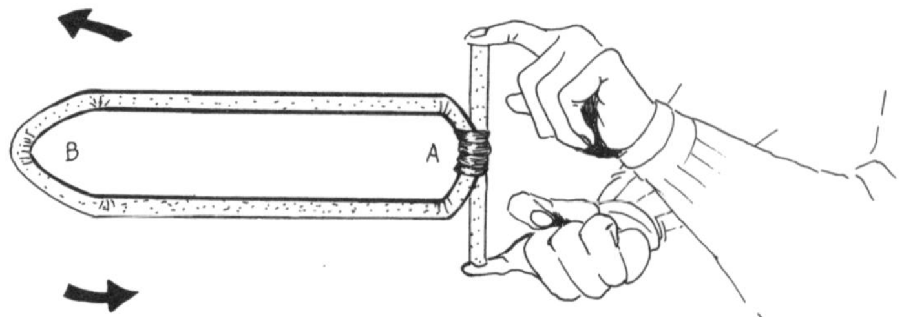

3. Le lobantenne se tient avec les deux index.
Il pivote de droite à gauche, la boucle AB
étant maintenue à l'horizontale par vos deux doigts
lorsque vous passez à la verticale d'un cours d'eau,
ou d'un croisement des réseaux telluriques.

Le lobantenne du Dr Hartmann se tient verticalement entre les deux index. En passant à la verticale d'un ruisseau souterrain, ou d'une maille de l'un des réseaux telluriques qui quadrillent la Terre (réseau Hartmann et réseau diagonal, voir plus loin), le lobantenne pivote horizontalement sur lui-même.

LES PIONNIERS DE LA BAGUETTE

Vers 1530 fut publié en Allemagne un traité de minéralogie dont l'auteur était un ingénieur des mines, Georg Bauer, dit « Agricola » (traduction latine du mot allemand Bauer : le paysan). Ce livre, *De Re metallica*, était illustré de très belles gravures sur bois où l'on voit des sourciers prospectant la montagne à l'aide de baguettes fourchues. Mais, déjà, certains accusaient les sourciers... de sorcellerie !

Au XVIIe siècle, la querelle battait son plein. Certains supposaient que la baguette était mue par des « forces diaboliques ». Le célèbre Athanase Kircher, jésuite de son état, savant et archéologue, prit la défense des sourciers et des prospecteurs de mines les « chevaliers de la montagne » (comme on les appelait en Allemagne), en essayant de démontrer qu'il s'agissait d'un phénomène naturel.

Les pionniers de la radiesthésie eurent beaucoup à souffrir, à cette époque, de l'incompréhension de leurs concitoyens. Le cas le plus triste fut celui des époux **Beausoleil**, les premiers radiesthésistes connus en France sur le plan national. Jean de Chastelet, baron de Beausoleil, avait épousé Martine de Bertereau, passionnée comme lui de radiesthésie. A eux deux, ils furent appelés dans toute l'Europe, entre 1600 et 1640, pour découvrir des gisements miniers.

En Allemagne, en Pologne, en Espagne, en Italie, en Suisse, en Angleterre, partout on s'arrachait ces étonnants Beausoleil pour découvrir mines et sources. Nommé commissaire général des mines en Hongrie, puis conseiller minier du pape, enfin directeur des mines du Tyrol pour Léopold d'Autriche, Jean de Beausoleil était devenu le grand expert européen de la prospection minière, toujours secondé par sa femme, qui parlait couramment trois langues étrangères et possédait une culture scientifique rare, à l'époque, chez les femmes.

En 1626, le surintendant des mines de Louis XIII fit appel aux époux Beausoleil... qui acceptèrent, pour leur malheur et pour leur ruine, de travailler dans leur patrie. Ils prospectèrent donc, avec leur équipe de mineurs, la Provence, le Languedoc et la Bretagne, pour le compte du roi de France. Ils avaient avec eux plus de soixante mineurs, en grande partie allemands, qui creusaient sur leurs indications. Jean et Martine de Beausoleil n'utilisaient pas seulement la baguette, mais une quinzaine d'instruments de leur invention. Ils découvrirent ainsi cent cinquante mines et un très grand nombre de sources, dont certaines sont encore utilisées de nos jours pour leurs vertus thermales (par exemple, à Château-Thierry).

Seulement, les Beausoleil avaient tout payé de leur poche... en attendant un salaire du roi de France, qui ne vint jamais ! Ils se ruinèrent jusqu'au dernier sou, et non seulement ne reçurent jamais leur dû, mais furent finalement jetés en prison – séparément – à la Bastille et à Vincennes, où ils moururent de chagrin. Pourquoi cette noire ingratitude ? Il semble que l'Église et le cardinal de Richelieu aient trouvé suspect l'emploi de la baguette ! Par une tragique méprise, on s'imagina que nos deux savants étaient des espions...

Un autre sourcier célèbre – et maltraité – fut **Jacques Aymar**, originaire du Dauphiné. Il connut une grande gloire à Lyon à la fin du XVIIe siècle, en retrouvant les criminels qui avaient assassiné deux négociants de la ville. La police fit donc appel de plus en plus souvent à sa collaboration, et, grâce à lui, retrouva plusieurs voleurs et assassins. Cependant, la renommée croissante d'Aymar monta jusqu'à Paris, où ces messieurs de l'Académie des sciences continuaient à discuter ferme sur la radiesthésie... L'éternelle question : « Qu'est-ce qui fait bouger la baguette ? » donnait lieu à des discussions aussi passionnées qu'aujourd'hui (personne, d'ailleurs, n'a encore trouvé de réponse sûre). Le pauvre Aymar fut soumis à une « batterie de tests » qu'il ne réussit pas tous, car la mauvaise foi des enquêteurs, acharnés à le prendre en défaut, bloquait parfois ses facultés. Comme il était très naïf, il se laissait embarquer dans des situations invraisemblables qui permettaient à ses adversaires de se moquer de lui.

Pourtant, avec la fin du XVIIe siècle arrive en France la fin des persécutions : malgré l'hostilité de la hiérarchie catholique officielle, on verra aux XVIIIe et XIXe siècles une foule d'ecclésiastiques se mettre à la radiesthésie. Résultat : cet art va se populariser et permettre non seulement le développement de la baguette, mais encore celui de notre pendule.

Citons le quarteron d'abbés qui créeront véritablement une école de radiesthésie dans notre pays : l'abbé Bouly, l'abbé Bourdoux, le père Jurion et l'abbé Mermet.

L'abbé Bouly s'était acquis une très grande renommée en découvrant des sources un peu partout. A la fin de la guerre de 1914-1918, l'armée française fit appel à ses services pour détecter obus et mines non explosés, et encore enterrés. Bouly précisait à quelle profondeur se trouvait l'engin, quel était son modèle, et même s'il était de fabrication française ou allemande... Il ne se trompait jamais ! Il créera après la guerre la « Société des amis de la radiesthésie ». C'est lui, d'ailleurs, qui inventa le mot pour lui donner un air plus scientifique, donc plus sérieux (« radiation » + la racine grecque « esthésie » = perception). Bouly fut fait chevalier de la Légion d'honneur en 1950, à 85 ans... Quel chemin parcouru depuis les pauvres Beausoleil, morts en prison pour avoir fait le même travail !

Le deuxième religieux est **le père Bourdoux**, missionnaire au Brésil, qui s'orienta davantage vers les recherches médicales grâce au pendule. Il se préoccupait beaucoup de la santé des missionnaires européens, envoyés sous des climats où sévissaient des maladies inconnues d'eux, et de la santé de leurs fidèles (puisque l'une des fonctions des missions était le soin des malades). Comme il n'existait guère alors d'études scientifiques sur les plantes curatives indigènes, Bourdoux conseillait d'utiliser ces plantes locales en les sélectionnant grâce au pendule, pour chaque cas particulier. On peut le considérer comme le pionnier de l'ethnomédecine, qui s'est beaucoup développée récemment (*cf.* le père de la Pardilla, jésuite espagnol, qui a mis au point, en Afrique, un mélange de plantes locales pour soigner les malades atteints du sida[1]).

1. Robert Lombardi, *Médecine, révolution verte, introduction à l'omniopathie,* édité par l'auteur : Quai sur Meuse, 10 – 4000 Liège, Belgique.

Le troisième religieux, qui fut l'élève du père Bourdoux, est **le révérend père Jean Jurion**, mort en 1977, après avoir consacré trente ans de sa vie à la radiesthésie médicale. Le pendule lui permettait de choisir le remède homéopathique adéquat. Il obtint d'extraordinaires résultats, non sans avoir été incroyablement persécuté... par l'Ordre des médecins. « Le tribunal ne vous reproche pas de guérir, lui disait-on, il vous reproche de soigner ! » Car le père Jurion, qui a guéri des milliers de gens, n'avait pas de diplôme de médecin. Bien qu'il eût travaillé sur trente mille dossiers de malades qu'il suivait et écrit de très importants livres sur cette question, il fut sans arrêt en butte aux tracasseries de la justice pour « exercice illégal de la médecine ».

Enfin, on ne saurait en France parler de radiesthésie sans évoquer le célèbre **abbé Alexis Mermet**, l'as des as. Bénéficiant d'une longue tradition familiale, il était fils et petit-fils de sourciers de Savoie, région où l'on « baguettisait » beaucoup par tradition. Son livre *Le Pendule révélateur ou moyen de découvrir les corps cachés et les maladies de près ou à distance, sur plan ou sur photographie*, paru en 1928, fut un des grands classiques populaires de l'entre-deux-guerres. Il écrivit également *Comment j'opère pour découvrir de près ou à distance de l'eau, des métaux, les objets cachés et les maladies* (1934)[1], *Abrégé de ma méthode* (1938)[2], *La Radiesthésie* (1938)[2]. C'est à lui qu'on doit la large diffusion de l'usage du pendule en France. Il découvrit des milliers de sources, de gîtes métalliques, de trésors cachés, d'objets perdus... L'abbé Mermet ne fut pas persécuté comme les Beausoleil ou le père Jean Jurion. Bien au contraire, il réussit à se faire respecter des autorités de son époque et devint même une sorte de gloire nationale.

LES INCONVÉNIENTS DE LA BAGUETTE

Mais la baguette de bois n'est pas très pratique : elle fatigue beaucoup le sourcier, qui doit marcher les bras tendus en avant, tout en tenant son outil à bout de bras. Il est évident que c'est une position inconfortable par la tension extrême qu'elle exige du praticien. Cet outil, valable sur le terrain, en marchant, pour indiquer les eaux et les minerais, ne permet pas les recherches multiples que l'on a

1. Éditions La Maison de la Radiesthésie.
2. Éditions Alsatia.

développées depuis avec le pendule (par exemple, la recherche « sur plan », dont nous parlerons plus loin). La baguette, aujourd'hui utilisée essentiellement en géobiologie, a cédé la place au pendule dans tous les autres cas ; au point que le grand public, actuellement, associe radiesthésie et pendule – alors que ce n'était pas le cas dans les siècles précédents.

LE PENDULE EST NÉ AU XIXe SIÈCLE

Certains historiens ont cru identifier des pendules parmi les objets retrouvés dans des tombes égyptiennes. Mais on n'en est pas très sûr.

L'idée du pendule n'est apparue qu'assez tard. Au début du XIXe siècle, le physicien Gerboin, à Strasbourg, fit des expériences sur un anneau suspendu au bout d'un fil. Il constata qu'il réagissait, comme la baguette des sourciers, à des ondes mystérieuses. Plus tard, un autre savant, Chevreul, fit des recherches analogues, consigna par écrit ses résultats et les communiqua aux milieux scientifiques de l'époque. Peu à peu, l'idée s'imposa que **tout objet suspendu au bout d'un fil était susceptible de réagir à certaines vibrations provenant du sol, des métaux, de l'eau, etc.**, et de donner les mêmes renseignements que la baguette du sourcier.

QU'EST-CE QUI FAIT OSCILLER LE PENDULE ?

On a élaboré bien des théories pour expliquer ces vibrations. Cependant, personne ne sait exactement pourquoi tournent la baguette et le pendule.

Deux écoles de radiesthésistes s'affrontent depuis le XIXe siècle : **les physiciens** et **les mentalistes**.

Les physiciens ont cherché à expliquer la radiesthésie par des lois physiques ; ils ont essayé d'identifier certaines « ondes » ou « rayons » grâce à des engins appropriés. Ils travaillent avec des pendules spécialisés, très élaborés (pendule de polarités, pendule universel de Belizal, etc.) et beaucoup d'accessoires (règles graduées, générateurs d'onde de forme, etc.). *Cf.* bibliographie à la fin du volume.

Les mentalistes ont eu un autre point de vue : pour eux, la radiesthésie était un phénomène parapsychologique, quel que soit l'instrument employé. Le principal outil demeurait, avant tout, le cerveau. Pour les radiesthésistes mentalistes, la sophistication du pendule importait peu. Le pendule ne servait qu'à amplifier les ondes émises par le cerveau, et les raffinements technologiques n'apportaient pas grand-chose de plus.

Ce débat semble bien dépassé aujourd'hui. A la lumière des découvertes modernes – de la physique quantique en particulier –, on peut appréhender ces phénomènes d'une autre façon. La matière et les manifestations de celle-ci ne sont pas du tout ce que l'on avait cru au XIXe siècle. Le pendule, sous son apparence « solide », est une énergie – plus exactement, il est composé de molécules, composées d'atomes, composés de particules, dont la perception immédiate échappe à nos sens. Même si nous ne « voyons » qu'une bille de bois, de fer ou de verre attachée à une ficelle, il y a là des énergies actives et vivantes.

Tant que l'on n'avait pas construit d'accélérateur de particules, on pouvait croire qu'un pendule était fait de matière « inerte ». Aujourd'hui, on sait tant de choses que l'on ne peut plus s'en tenir à la vision matérialiste du XIXe siècle – ni se moquer de ce que l'on ne comprend pas ! La science officielle est devenue beaucoup plus modeste ! A force d'observer l'atome, elle a fini par découvrir un jour une chose étonnante : on l'avait cru un père tranquille, cet atome ; eh bien, en réalité, c'était un agité ! Autrement dit, le « corpuscule », tout mignon qu'il soit, ne reste pas là sagement à vous regarder dans le blanc des yeux. Il est sans arrêt en mouvement. Et pas n'importe quel mouvement : non seulement il bouge tout le temps, mais encore il bouge suivant des lois précises. Il a un rythme – des vibrations régulières et mesurables –, autrement dit, une longueur d'onde constante (comme l'espace-temps qui sépare les crêtes successives de deux vagues déferlant sur la plage).

Et voilà peu à peu le monde scientifique obligé d'admettre (oh, lentement, lentement...) que le corpuscule tout seul n'était qu'une partie de la réalité ; la vérité, c'était aussi le mouvement vibratoire, l'onde ; il fallait donc, à la suite de Louis de Broglie et d'Heisenberg, considérer les deux ensemble : le corpuscule-onde. »[1]

Conséquence de ces découvertes : le pendule est composé de particules qui ont leur dynamisme propre.

1. *Souvenir de nos vies antérieures*, Éditions Christian de Bartillat, page 25.

Il y a plus. Ce même Heisenberg (physicien allemand mort en 1970) avait découvert un principe qui porte maintenant son nom : l'observateur et l'objet observé « appartiennent au même monde : ils fonctionnent suivant les mêmes lois, ils font partie du même ensemble. Ils interagissent donc l'un sur l'autre ».[1]

Appliqué à la radiesthésie, le principe d'Heisenberg permet d'entrevoir une explication fondamentale du mouvement spontané du pendule : il y a interaction entre celui-ci, la personne qui le tient... et la réalité concrète à laquelle on le relie en posant la question. Par exemple, vous tenez votre pendule immobile, au-dessus d'un champignon douteux, avec la question « Est-il comestible ? ». Le principe d'Heisenberg affirme que le végétal, le pendule et la personne qui pose la question interagissent entre eux. Des messages invisibles circulent de l'un à l'autre, provoquant diverses réactions. Aucun de ces trois pôles ne reste « indifférent »... Ce qui expliquerait les oscillations du pendule, et les variations de la pensée et du magnétisme du radiesthésiste.

Et le troisième pôle, c'est-à-dire le champignon ? Il est probable, et même certain – selon le principe d'Heisenberg –, que celui-ci réagit. Simplement, il n'a pas les « moyens » immédiats de le faire savoir (et le radiesthésiste n'a pas, dans la pratique courante, d'outils scientifiques pour le constater).

Avec des appareils de laboratoire spécialisés, il est probable que l'on observerait des réactions dans le champignon, des modifications au niveau cellulaire ou moléculaire. Cela pourrait expliquer le comportement étrange des animaux de chasse recherchés au moyen du pendule : ils le perçoivent, et réagissent en conséquence, par la fuite ! (Voir page 86.)

J'ai vu d'excellents résultats obtenus avec des pendules très simples. Il me semble que le débutant doit d'abord **travailler son mental et sa pratique manuelle**, sans se compliquer la vie. Certains radiesthésistes **physiciens** appellent **« radionique »** l'ensemble de leurs recherches – mais cela n'est pas du ressort du débutant auquel nous nous adressons ici.

1. *Souvenirs de nos vies antérieures*, Éditions Christian de Bartillat, page 127.

Comment employer pratiquement les outils du radiesthésiste

Donc, puisque vous êtes débutant, commençons par l'équipement le plus simple – le seul nécessaire. Pour pratiquer la radiesthésie, il faut, en résumé :

1) un pendule,
2) un témoin,
3) un rapporteur,
4) une baguette.

1. LE PENDULE

Qu'est-ce qu'un pendule ? N'importe quoi au bout d'un fil !

L'abbé Mermet, l'un des pères de la radiesthésie, fils et petit-fils de sourciers célèbres qui n'utilisaient que la baguette, eut un jour l'idée de génie d'attacher sa vieille montre à un fil. Cela lui servit de pendule pendant des années, et le succès qu'il remporta avec cet outil improvisé lui valut une renommée internationale.

• ***De quelle longueur doit être le fil ?***

De 5 à 20 centimètres environ.

• ***En quelle matière doit être le pendule ?***

En métal, en verre ou en cristaux de quartz, en bois, en terre cuite, en plastique, même ! Tout peut marcher, sauf le fer aimanté.

Il faut seulement que le pendule soit suffisamment pesant pour tendre le fil. Un anneau de rideau, une bague, une clé, une boucle d'oreille... tout peut faire un pendule. Lorsque je suis prise au dépourvu, j'utilise la clé de mon domicile attachée à un élastique !

• ***En quelle matière doit être le fil ?***

Coton, lin, soie, chaînette de métal... tout est possible.

• ***Quelle forme doit avoir un pendule ?***

En principe sphérique, ronde ou cylindrique. Mais un objet biscornu peut aussi faire l'affaire. Les pendules vendus dans le commerce se terminent par une pointe, ce qui est très pratique lorsqu'on poursuit des recherches sur plan.

Le pendule de l'abbé Mermet était creux, le couvercle se dévissait, ce qui permettait de glisser dedans un « témoin ». Cela peut être utile, mais ce n'est pas obligatoire.

DIFFÉRENTES VARIÉTÉS DE PENDULE

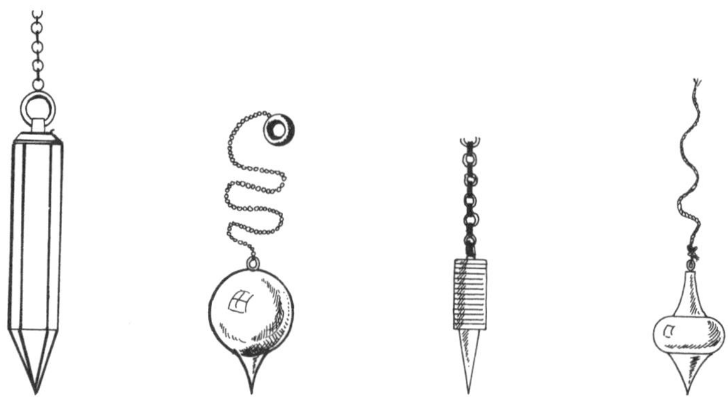

J'ai acheté parfois de superbes pendules... qui refusaient obstinément de tourner ! C'est que le secret de l'efficacité d'un pendule n'est pas dans sa forme, sa matière ou son prix : c'est dans la relation que le radiesthésiste établit avec lui. Je m'explique : prenez pour débuter un objet que vous connaissez bien, que vous aimez bien, qui est chargé de souvenirs heureux. Bref, un objet avec lequel vous avez une relation affective. (« Objets inanimés, avez-vous donc une âme, Qui s'attache à notre âme et la force d'aimer ? » disait le poète !)

Ainsi, je travaille mieux avec la chevalière de mon père, souvenir tangible d'un être aimé, qu'avec un pendule du commerce, impersonnel. Plus tard, lorsque vous aurez acquis suffisamment de confiance en vous et d'expérience, vous pourrez travailler avec n'importe quel pendule. Le débutant pourra le faire lui-même, à peu de frais (pendule de Louis Viel, voir dessin page ci-contre) avec une perle en bois, une ficelle, une allumette et de la colle à bois.

FABRIQUEZ VOUS-MÊME UN EXCELLENT PENDULE

Collez l'extrémité d'une ficelle dans le trou d'une grosse perle en bois. On peut bloquer la ficelle dans le trou à l'aide d'un morceau d'allumette bien enfoncé. Le bois est un excellent matériau, sensible et léger (pendule du radiesthésiste Louis Viel).

2. LE TÉMOIN

Objet réel ou seulement symbolique, ce n'est pas un « outil » spécialisé. Le « témoin » permet de fixer l'attention du radiesthésiste, il concrétise sa recherche. Voici quelques exemples qui vous permettront de comprendre de quoi il s'agit.

Lorsque la police demande à un radiesthésiste de rechercher une personne disparue, elle lui fournit un témoin : photo, pièce d'identité, objet ayant appartenu à cette personne... Lorsque vous posez une question à propos de quelqu'un, il vous faut également un témoin : photo, lettre, spécimen d'écriture, objet personnel, thème astrologique, etc.

Supposons que vous cherchiez un trésor : votre témoin sera soit une photo du trésor, soit un dessin, soit un objet absolument analogue (par exemple, une pièce de monnaie ancienne, une pièce d'argenterie si c'est un ensemble de ce métal précieux, etc.).

Si vous cherchez vos lunettes, le meilleur témoin sera leur étui... Il arrive très souvent que l'on n'ait pas de témoin bien précis : vous prenez alors un crayon et un papier et vous dessinez ce que vous cherchez le plus exactement possible. Ce sera le témoin (purement symbolique, dans ce cas).

Comment s'explique l'action du témoin ? Lorsqu'il s'agit d'un objet personnel appartenant à quelqu'un, on peut supposer qu'il y reste attachées des « ondes de rémanence ». Est-ce une perception sensorielle, qui soutient l'intuition du radiesthésiste, qui se transmet ensuite au pendule ? Ou une perception... extra-sensorielle, comme chez certains médiums, qui sont capables de vous décrire la personne à laquelle a appartenu tel ou tel objet ancien ? On connaît aussi l'exemple d'Anne Catherine Emmerich, qui, à la vue de reliques, décrivait en détail la vie et l'histoire des saints personnages auxquels ces reliques avaient appartenu (cela se passait au début du XIXe siècle). On aurait tort de sourire, il existe de nombreux témoignages vérifiés et certifiés de ces performances parapsychologiques, auxquelles la science d'aujourd'hui s'intéresse beaucoup.

Si, dans le cas des témoins matériels, il y aurait une explication possible du point de vue rationnel en faisant intervenir le principe d'Heisenberg, on peut hésiter à appliquer celui-ci aux témoins tout à fait symboliques ou immatériels (matérialisés seulement par un dessin ou un mot écrit sur un bout de papier). Or de nombreux témoignages montrent que la radiesthésie fonctionne aussi bien dans ce cas-là ! Les pouvoirs de l'esprit sont plus grands qu'on ne le croit...

Ainsi, si vous cherchez une personne ou des renseignements sur elle, et que vous n'ayez ni photo, ni écriture, ni objet personnel, ni même une carte de visite... vous pouvez toujours écrire son nom et son adresse sur une feuille de papier : ce sera le témoin, au-dessus duquel vous passerez le pendule. Dans les exercices pratiques détaillés plus loin, vous verrez comment on utilise les divers types de témoin.

3. LE RAPPORTEUR

Il n'est pas toujours obligatoire, mais utile lorsqu'on pratique des recherches *sur plan*. Un rapporteur est un demi-cercle gradué (transparent ou évidé, aujourd'hui en plastique) qui fait partie de la panoplie des écoliers de 10 ans. Lorsque vous avez une direction à trouver, votre rapporteur indique des directions précises mesurables, et pas seulement de vagues points cardinaux. Si vous travaillez sur une carte, par exemple pour retrouver un enfant perdu dans une forêt, vous passez votre pendule dans les directions indiquées par le rapporteur, et cela vous permet de dire : « Mon pendule tourne positivement sur le 30e degré ouest... C'est la bonne direction de recherches. » Et comme la carte a une échelle (1 centimètre = 10 kilomètres, par exemple), vous passerez le pendule sur chaque centimètre dans la direction indiquée par le rapporteur. On arrive ainsi à situer des lieux géographiques précis au mètre près, et même au centimètre lorsque c'est nécessaire.

Le rapporteur n'est utile que *lorsqu'il s'agit de quelque chose (ou de quelqu'un) à retrouver dans l'espace*. Il est tout à fait inutile si la question n'a pas de dimension géographique. Par exemple, s'il

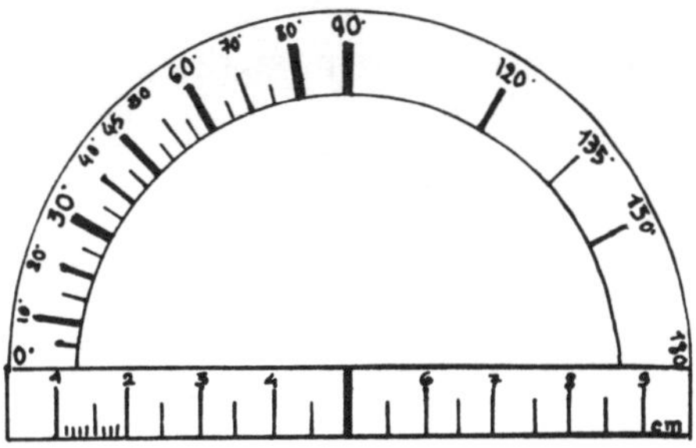

Le rapporteur permet de mesurer l'angle d'une direction.

s'agit de recherches médicales, où l'on recherche sur le corps humain l'organe malade, et, parmi les médicaments, celui qui conviendrait (voir chapitres suivants).

Pour terminer, voici une histoire vraie qui illustre le rôle des cheveux pris comme témoins. Ma propre mère était mourante à la suite d'un accouchement. C'était pendant la guerre, au Maroc, et le seul médecin disponible était un radiesthésiste qui habitait à 50 kilomètres de chez nous. Chaque matin, il passait son pendule sur les mèches de cheveux de ses clients pour voir si tout allait bien. Un matin, il appelle à la maison. Ma tante (qui soignait ma mère) décroche le téléphone, et voilà ce qu'elle entend :

« – Je vous appelle d'urgence ! Votre sœur est au plus mal...

– Oui, répond ma tante, son état s'est aggravé cette nuit, j'allais vous appeler.

– On lui a donné hier soir un médicament absolument désastreux pour elle.

– Oui, avoue ma tante, je lui ai donné un calmant. J'ai cru bien faire...

– Vous êtes en train de la tuer ! Elle est au bord du coma (et il décrivit les symptômes).

– Oui, c'est bien cela, dit ma tante accablée.

– Alors, donnez-lui d'urgence tel contrepoison dont voici la formule... Dans deux heures, elle ira mieux. »

Ainsi fut fait. Ma mère finit par guérir, suivant les indications quotidiennes de ce médecin, qui ne sortait jamais de son laboratoire et ne visitait jamais ses malades : c'était inutile. Son pendule, à distance, lui permettait de connaître les symptômes de la maladie, pour chacun de ses patients, puis de formuler un diagnostic, enfin de prescrire le médicament *ad hoc*.

LES TROIS MOUVEMENTS POSSIBLES DU PENDULE

1. Dans le sens
des aiguilles d'une montre.

2. Dans le sens opposé
à celui des aiguilles
d'une montre.

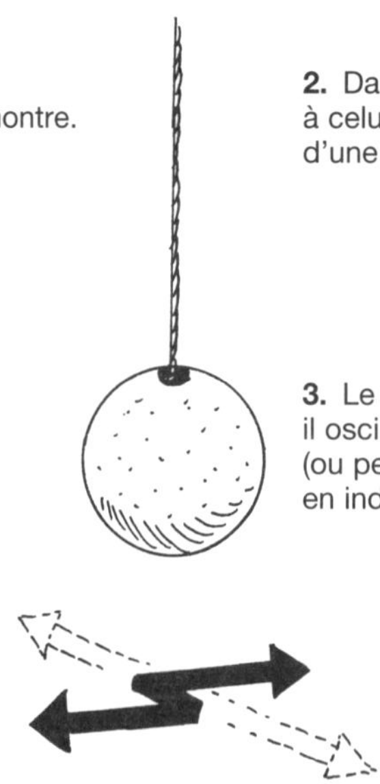

3. Le pendule ne tourne pas,
il oscille de gauche à droite
(ou perpendiculairement
en indiquant une direction).

La convention mentale et le mouvement du pendule

C'est la base même de la pratique radiesthésiste : vous ne pouvez pas vous en passer !

La « convention mentale » est un accord passé avec soi-même sur la façon dont marche le pendule. On décide une fois pour toutes que, si le pendule tourne dans tel sens, cela veut dire OUI, et dans tel autre sens, NON.

Personnellement, j'ai choisi la convention mentale suivante :

– lorsque mon pendule tourne dans le sens des aiguilles d'une montre, c'est OUI ;

– dans le sens inverse, c'est NON ;

– tantôt dans l'un, tantôt dans l'autre : OUI et NON, PEUT-ÊTRE...

(Car, dans la vie, on rencontre fréquemment des situations qui ne sont pas nettement tranchées : le OUI n'exclut pas toujours le NON.)

Tous les radiesthésistes n'ont pas la même convention mentale : celle-ci est un choix personnel. Le pendule n'a pas un grand choix de mouvements. Il tourne (giration) ou se balance d'avant en arrière (oscillation) ou, enfin, s'immobilise. Ainsi les conventions mentales ne sont-elles pas infinies : certains choisissent l'oscillation comme OUI, la giration à droite comme NON et la giration à gauche comme PEUT-ÊTRE... ou le contraire.

Il faut choisir ce qui est le plus évident pour vous, tout en sachant que ce qui est évident pour l'un ne l'est pas forcément pour le voisin !

Lorsque vous aurez décidé, il faudra *vous en tenir à votre choix, et ne pas en changer !*

TRAVAILLEZ TOUJOURS AVEC LA MÊME CONVENTION MENTALE

Celle-ci doit devenir automatique. C'est comme un réflexe – la secrétaire qui tape sur son clavier réfléchit-elle avant de poser son index droit sur la touche « u », ou l'annulaire gauche sur le « z » ? Non, car si elle réfléchissait, elle s'embrouillerait dans le texte à taper et perdrait du temps. Le premier travail d'une apprentie dactylo est donc d'acquérir les réflexes qui feront agir ensuite ses doigts sans qu'elle ait besoin d'y penser. Ce travail d'apprentissage demande plusieurs mois.

Avec le pendule, c'est un peu la même chose : la convention mentale doit vous devenir tellement naturelle que vous n'y pensez plus. Cela se fait tout seul au bout d'un certain temps. Cependant, après plusieurs années de pratique, certains radiesthésistes éprouvent le besoin de changer de convention mentale, celle qu'ils avaient choisie au début ne leur convenant plus. Chacun de nous évolue avec les années : à 40 ans, nous n'avons plus la même personnalité ni tout à fait le même tempérament qu'à 20 ans. Mais pour le débutant, le problème ne se pose pas encore. Aussi, après quelques essais, fixez votre convention mentale et gardez-la ! Vous ne feriez aucun progrès si vous en changiez en cours d'apprentissage ! La radiesthésie demande une certaine discipline.

LE PENDULE TOURNE-T-IL TOUT SEUL ?

C'est une question que l'on me pose fréquemment. Lorsque je réponds oui, certains, sceptiques, me disent : « Mais pas du tout, ce pendule, c'est vous qui le faites tourner dans le sens que vous désirez ! » Ceux qui parlent ainsi ignorent tout de la radiesthésie ! Si je demande un conseil à un ami éclairé, je dois être assez honnête pour accepter celui qu'il me donnera, quel que soit mon souhait profond. Son avis n'est utile que s'il est objectif. Pour le pendule, c'est la même chose : vous le consultez, et vous avez confiance dans la consultation. Vous devez donc le laisser « parler ».

Lorsque vous aurez l'expérience du pendule, vous verrez qu'il démarre tout seul, et dans le sens qui lui plaît. Je suis souvent surprise de voir un pendule tourner à grande vitesse dans un sens que je n'attendais pas !...

Certains recommandent, pour les débutants, de « lancer » le pendule, c'est-à-dire de lui imprimer un mouvement de départ : si cela vous rassure d'amorcer le mouvement du pendule comme celui d'une pompe à eau, eh bien faites-le !... De toute façon, il se remettra de lui-même, après quelques oscillations, dans le sens qui lui convient. Mais c'est une perte de temps.

Personnellement, je me contente de tenir le pendule immobile une ou deux secondes, avant d'observer son mouvement... qui part normalement tout seul.

CERTAINS PENDULES REFUSENT DE TOURNER. POURQUOI ?

Petite mésaventure qui arrive souvent aux débutants, elle a plusieurs explications possibles :

– Vous avez mal posé la question (voir plus loin).

– Ou bien vous êtes paralysé par la timidité. Vous manquez de confiance en vous, il y a dans l'assistance une personne qui vous fait peur (vous craignez ses critiques). Bref, vous êtes émotionnellement perturbé. C'est vous-même qui bloquez le pendule ! En général, il marche mieux quand on le consulte pour les affaires des autres (dans lesquelles on n'est pas impliqué !). Ne soyez ni nerveux ni pressé, restez indifférent à l'opinion de ceux qui vous regardent !

– Vous n'êtes pas détendu physiquement. C'est très important ! Votre bras est crispé, vous êtes dans une position inconfortable, vous n'êtes pas en forme (froid, faim, fièvre, etc.). Dans ce cas, le pendule tourne peu ou pas du tout.

En résumé, si vous-même êtes dans un état de confusion mentale (question mal posée) ou émotionnelle (anxiété) ou physique (mauvaise forme), le pendule se bloque et c'est normal, puisqu'il traduit le blocage des influx profonds en vous-même.

Apprendre à se détendre est absolument indispensable, sinon il n'y a pas de radiesthésie possible.

Apprendre à se relaxer

L'usage du pendule fait appel à des facultés que l'on baptise, faute d'un mot plus précis, parapsychologiques. Ces facultés spéciales, nous les avons tous plus ou moins. Mais ceux qui sont particulièrement doués (médiums, voyants, guérisseurs, gens qui ont du « fluide », etc.) ont tous un point commun : *ils savent se détendre pour être réceptifs*.

Il existe aujourd'hui un grand nombre de stages et de séminaires où l'on peut apprendre à se relaxer. La plupart des groupes d'expression corporelle, de sophrologie, de psychologie et de parapsychologie l'enseignent à leurs étudiants. Aucun progrès n'est possible, dans aucun domaine du « développement personnel », si l'on n'apprend pas d'abord à se détendre. Que ce soit la lecture des auras, l'analyse des rêves ou des vies antérieures, la colorthérapie, la musicothérapie, etc. Tout passe par l'apprentissage de la détente.

Faites-en vous-même l'expérience : lorsque vous vous laissez glisser au fond d'un bain parfumé et bien chaud, sans penser... n'est-ce pas le moment privilégié où vous viennent certaines idées de génie ? « Eurêka ! j'ai trouvé », s'écria Archimède dans son bain, lorsqu'il découvrit le principe qui porte son nom... Il était si enthousiaste qu'il bondit nu hors de sa baignoire, pour aller raconter en ville sa découverte !

De même, bien des intuitions surviennent lorsqu'on est au repos, à moitié endormi, la nuit ou à l'heure de la sieste. Bref, dans une certaine détente physique et nerveuse.

Vous devez donc apprendre à vous détendre lorsque vous tenez le pendule. Pour cela, chacun a ses trucs personnels, mais en voici quelques-uns :

– *Utilisez toujours le même pendule*, qui vous a déjà donné des résultats. C'est comme un ami, en qui l'on a confiance.

– *Installez-vous dans une position confortable* : bien assis, loin des courants d'air si vous les craignez, dans le calme (la pire ambiance étant celle d'un bistrot surpeuplé où tout le monde regarde ce que vous faites, les conversations des voisins vous empêchant de vous concentrer sur le pendule).

– *Ne tenez pas le pendule à bout de bras*, vous auriez très vite des crampes et toute crispation bloque les mouvements pendulaires.

– *Ne pendulez pas si vous avez faim (ou soif)*.

Passez le pendule après vous être nourri ! Souvent aussi la digestion rend tout effort pénible : attendez qu'elle soit passée. Car le pendule demande un effort pour penser à la question posée : il faut oublier son corps lorsque l'on se concentre sur celle-ci.

Si vous pratiquez sauna, yoga, gymnastique et techniques diverses de relaxation, vous comprendrez dans quel état il faut être pour passer le pendule ; c'est la *sérénité* qui vous rend mentalement disponible, c'est-à-dire réceptif.

Le plus difficile est d'obtenir le *détachement intérieur* qui permet d'être prêt à accepter n'importe quelle réponse du pendule, sans influencer celui-ci. C'est à cette condition seulement que l'on obtient des résultats.

COMMENT TENIR LE PENDULE SANS SE CRISPER

Il n'y a pas de lois générales. Trouvez vous-même la façon dont votre main et votre bras sont détendus au maximum.

Angoissé, le débutant a tendance à serrer son index et son pouce sur le fil du pendule pour l'empêcher de glisser, ce qui engendre une crispation de la main. Pour éviter cet inconvénient, voici plusieurs « trucs » :

– *Choisissez une ficelle ou un fil pas trop glissant (coton) ou une chaînette*. Le pendule de fortune composé d'une bague et d'un cheveu angoisse toujours le débutant, parce que le cheveu file entre les doigts. C'est un matériau d'une grande traîtrise !

– *Enroulez le fil sur un petit bâton* (ou crayon, ou règle, etc.). Vous ne craindrez pas de voir le pendule s'échapper !

LA MEILLEURE MANIÈRE DE TENIR UN PENDULE

Enrouler la ficelle autour de l'index (en A) afin de l'empêcher de glisser. Cela permet de mieux détendre la main et le bras.

Le radiesthésiste débutant a peur de lâcher le fil du pendule et donc se crispe dessus. Pour éviter ce réflexe, certains pendules se terminent par un anneau que l'on peut enfiler dans le petit doigt (A, B), ou par une petite bille qui évite à la chaîne de glisser hors de la main (C).

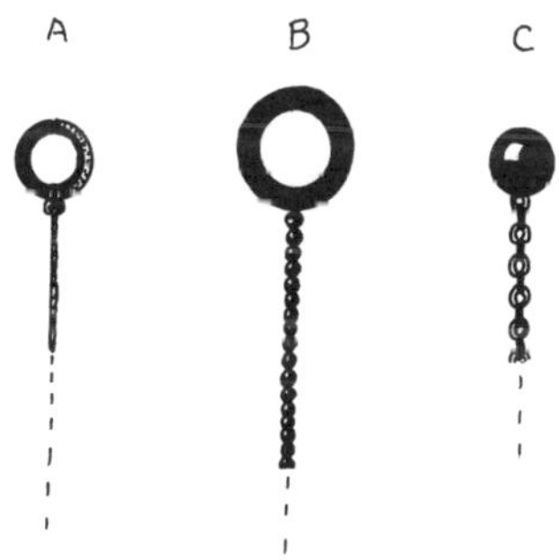

Certains radiesthésistes préfèrent enrouler le fil du pendule autour d'un crayon ou d'une baguette cylindrique légère en bois ou métal.

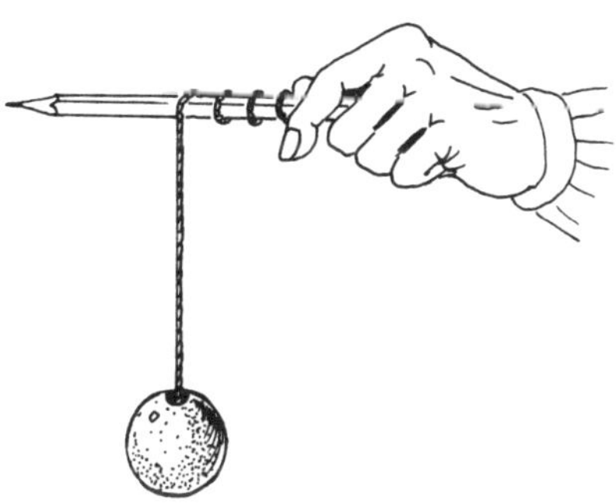

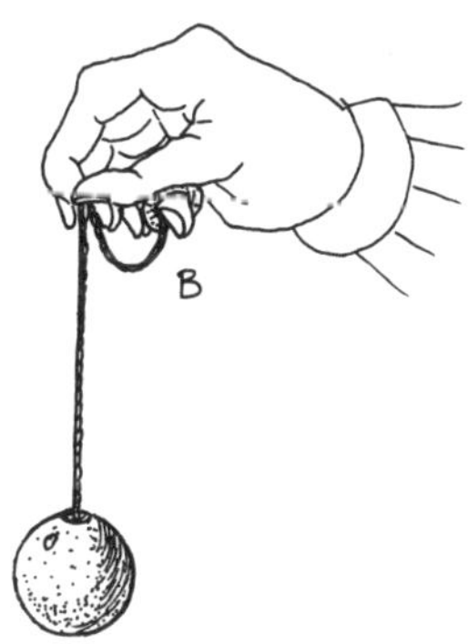

– Les pendules vendus dans le commerce sont en général composés d'un poids en métal ou en quartz, rond, conique, etc., attaché au bout d'une chaînette de métal, et celle-ci, justement, se termine par un anneau dans lequel on passe le petit doigt, ce qui permet au pouce et à l'index de ne pas se crisper et de se détendre.

– J'ai un autre truc : j'utilise un *très long fil de coton* dont je tiens l'extrémité de la main gauche (donc il est bien amarré) ; la main droite n'a ainsi à faire qu'un effort minimum.

Répétez-vous bien que la seule loi générale est de trouver vous-même ce qui vous met à l'aise de façon à laisser passer en vous les ondes que traduira le pendule.

Apprendre à poser des questions

Comme le pendule ne répond que OUI, NON ou PEUT-ÊTRE, vous ne pouvez que lui poser des questions extrêmement simples. Lorsque vous mélangez plusieurs questions, le pendule se bloque, hésite ou donne une réponse fausse.

EXEMPLES DE MAUVAISES QUESTIONS

« Mon frère est-il parti ce soir en train avec sa fille ? »

La question doit se décomposer en quatre éléments :

- Mon frère est-Il parti ? OUI (ou NON, il est resté chez lui).
- Ce soir ? OUI (ou NON, ce matin, hier, etc.).
- En train ? OUI (ou NON, en bateau, en avion, en voiture, etc.).
- Avec sa fille ? OUI, avec elle (ou NON, sans elle ou avec une autre personne).

Vous passerez le pendule sur chaque éventualité, de façon à avoir une réponse précise, selon un système binaire (deux possibilités).

La question est mauvaise lorsqu'elle est complexe. Dans l'exemple ci-dessus, si l'un des quatre éléments est négatif, le pendule tourne dans le sens NON ou PEUT-ÊTRE et vous ne savez pas pourquoi...

Poser la bonne question demande un effort pour clarifier son esprit. Pour cela, il faut bien sûr être serein et détendu.

Autre question mal posée : un monsieur vient me consulter un jour pour me demander s'il se mariera avec Unetelle. Le pendule peut difficilement répondre parce que, dans cette affaire, un libre arbitre est en jeu.

Le pendule peut aider à apprécier des éléments existants, mais il ne peut prendre une décision à la place du monsieur en question.

Celui-ci se faisait des idées un peu courtes sur l'usage du pendule ; il confondait diagnostic et pronostic, pronostic et prophétie.

La question correcte aurait dû être : « Telle personne me convient-elle comme femme ? »

En cas de réponse positive, c'est clair. Si le pendule tourne négativement, on peut analyser pourquoi, en détaillant les raisons possibles. De même si le pendule répond PEUT-ÊTRE, c'est-à-dire OUI et NON.

LES ERREURS DU PENDULE

Elles proviennent :

- du manque de précision des questions ;
- des blocages de notre état émotionnel qui perturbent la marche du pendule ;
- de confusions plus subtiles aussi, par rémanence. On connaît l'histoire de la cathédrale d'Autun, dans laquelle fut autrefois caché un trésor. Il n'y est plus, il a été retrouvé et exposé au musée voisin... Mais lorsqu'on passe un pendule au pied du pilier où ce trésor était caché autrefois, il continue à tourner positivement... On pense que restent des « ondes rémanentes » qui imprègnent encore la cachette. L'expérience permet d'éviter ce piège.

M. Le Gall raconte que, pendant la guerre, dans un camp en Allemagne, un prisonnier lui avait demandé : « Où est actuellement ma femme ? » « Avez-vous une photo comme témoin ? » demanda notre radiesthésiste. « Oui », dit le prisonnier qui apporta une photo où sa femme se trouvait parmi plusieurs autres personnes.

Le Gall, débutant, prit la photo en main et passa le pendule sur une carte de France. Le pendule réagit positivement au-dessus d'Auxerre. « Votre femme est à Auxerre », dit-il au prisonnier... qui trouva cela bizarre. Vérification faite, plus tard, l'épouse ne se trouvait pas à Auxerre à cette époque, mais il y avait sur la photo une personne native de cette ville, qui y habitait encore. Le radiesthésiste avait été influencé par les ondes de cette personne. Il raconte comment il évita par la suite ce genre de méprise, en recouvrant toute la photo d'un cache de papier noir, évidé seulement à l'emplacement de la personne recherchée !

COMMENT PENDULER SUR UNE PHOTO DE GROUPE

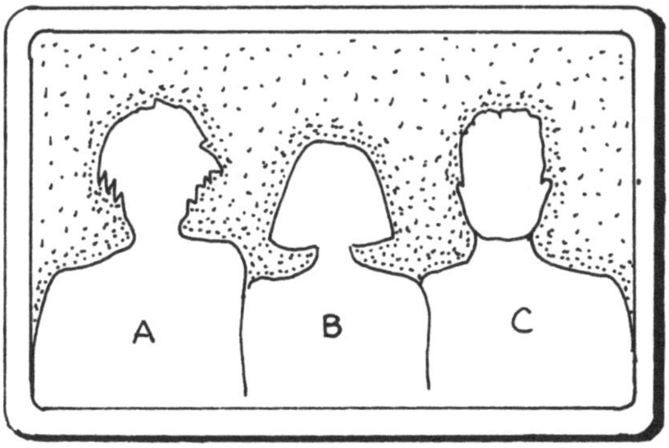

Photo de groupe avec trois sujets : A, B et C.
Le radiesthésiste pose une question sur A.
Pour éviter les interférences avec les ondes
des deux autres personnes, B et C,
le radiesthésiste les dissimulera sous
un cadre de papier noir évidé,
qui ne laissera apparaître que la personne A.

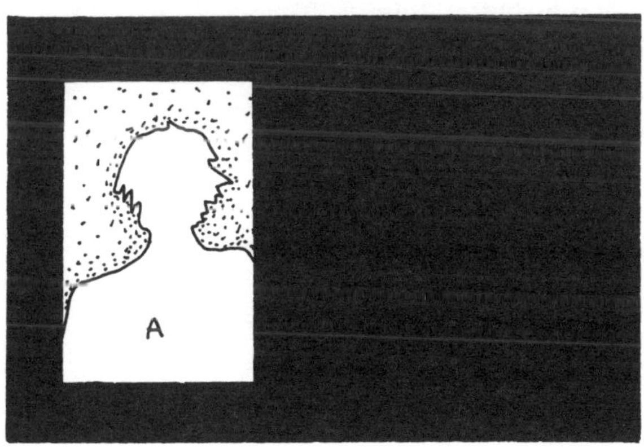

Lorsque plusieurs radiesthésistes travaillent sur un cas (personne disparue par exemple), les ondes peuvent interférer et brouiller les résultats. Voilà pourquoi l'on s'étonne que la radiesthésie n'ait pas permis de retrouver certains enfants dont la presse a beaucoup parlé récemment ; le bruit fait autour de ces disparitions par les médias crée des ondes d'angoisse collective qui perturbent le travail du pendule.

J'ai vu le cas, il y a quelques années, en Suisse, d'une petite fille disparue dans le Valais. De nombreux radiesthésistes locaux se mirent à penduler sur le portrait de l'enfant, affiché dans tous les bureaux de poste. Les avis divergeaient : certains affirmaient avec optimisme qu'elle était toujours vivante, qu'on la retrouverait bientôt. D'autres en étaient moins sûrs. La concurrence professionnelle, l'espoir de se faire reconnaître par un résultat éclatant entachèrent de vanité et d'agitation toute cette affaire. Le temps passait... Personne n'y voyait plus clair. Sollicitée par des amis, je refusai absolument de m'en mêler. Six mois après, l'affaire était presque oubliée. Je ne pensais plus à cette pauvre gamine, quand tout d'un coup, en faisant la queue au guichet de la poste, mon regard tomba sur sa photo, toute jaunie, qu'on n'avait pas enlevée – les parents espéraient encore. A la seconde même, je vis se superposer un crâne de squelette...

Saisie d'horreur, je compris que la petite fille était morte.

La nouvelle fut confirmée un peu plus tard, à la découverte du cadavre.

Je pense que, dans ce cas – et en vertu du principe d'Heisenberg –, de trop nombreux radiesthésistes, pas toujours désintéressés, avaient gâché le métier en émettant des vibrations qui ont pu égarer la police suisse (pourtant très efficace) ; ce qui expliquerait qu'elle ait mis si longtemps à élucider le mystère.

Quelques exercices pratiques pour débuter

Voici quelques exercices qui vous permettront de démarrer, sous forme de jeu. Ainsi vous familiariserez-vous avec la radiesthésie !

Chaque joueur se munit de son pendule, ainsi que d'un papier et d'un crayon. On peut jouer à deux, à trois, à cinq personnes, ou plus.

JEU Nº 1
LE DEMI-PORTRAIT

Dans un magazine illustré, choisissez une personnalité connue de tous les joueurs. Arrachez la page, montrez-la à tous pour que chacun visualise bien le portrait. Puis découpez cette célébrité en deux moitiés : l'une sera cachée, l'autre restera comme témoin. On joue de préférence dans une pièce où quelques meubles, tapis, cadres, offrent des cachettes variées.

Tous les joueurs sortent, à l'exception de celui qui cachera la demi-photo du personnage célèbre. Lorsque les joueurs rentrent dans la pièce, armés de leur pendule, ils doivent aller regarder la photo-témoin, pour bien la mémoriser. Ensuite, chacun part en chasse.

La technique consiste à interroger le pendule devant chaque mur, ou devant chaque direction indiquée *grosso modo* par un point cardinal, en indiquant cette direction avec le *bras gauche* tendu « en antenne ».

La question posée intérieurement par chaque joueur sera : « La demi-photo est-elle cachée dans la direction indiquée par ma main ? » Lorsque le pendule se mettra à indiquer OUI (selon la convention mentale que vous avez choisie, voir plus haut), vous aurez trouvé votre direction de recherches.

Passez ensuite le pendule au-dessus de chaque meuble, chaque cadre, chaque tapis, etc. En touchant celui-ci avec la main gauche et en vous concentrant bien (fermez les yeux, vous améliorez vos capacités de visualiser). La « visualisation » est en effet la clé de la radiesthésie. La représentation mentale déclenche des réactions physiques : le système nerveux envoie des ordres aux systèmes circulatoires, musculaires, etc. Cette énergie électrique mise en branle sous l'impact de la visualisation est invisible à vos yeux, et pourtant elle est réelle, comme l'atteste le mouvement du pendule qui se met à tourner. Certains radiesthésistes professionnels vous diront qu'ils sentent des picotements dans la main : celle-ci peut devenir rouge, gonfler... Mais si vous ne constatez rien de tel, ne vous inquiétez pas !

Les exercices de visualisation sont facilités par le « témoin » : il faut toujours en avoir un lorsque l'on est débutant.

On peut recommencer le jeu plusieurs fois : peu à peu, vous vous habituerez à votre pendule, vous prendrez confiance en vous, ce qui est essentiel ! En cas d'échec, essayez de trouver pourquoi.

JEU Nº 2
LA CHAUSSURE QUI A PERDU SON ÂME SŒUR
(recherche sur plan)

Cette fois-ci, prenez deux objets qui vont par paire : par exemple des chaussures, dont l'une sera cachée par l'un des joueurs, et l'autre laissée comme témoin. Chaussettes, boucles d'oreilles, chandeliers, salerons, gants feront aussi l'affaire.

Le dernier jeu était limité à une seule pièce. Pour celui-ci, il est souhaitable de disposer d'un appartement, d'une maison ou d'un jardin, ce qui nous permettra de pratiquer *la recherche sur plan.*

L'un des joueurs cache donc la chaussure esseulée, tandis que les autres s'efforcent :

1) de visualiser celle qui reste (le témoin) ;

2) de dessiner de mémoire le plan de l'appartement, de la maison ou du jardin. Essayez de respecter *grosso modo* les proportions, de ne pas dessiner un plan minuscule ; étalez-le sur une feuille au format de grand papier à lettres. Inutile de vous acharner sur les détails (ci-contre deux dessins en exemple).

JEU N° 2
RECHERCHES SUR PLAN, SUR CROQUIS OU SUR PHOTO

Passez le pendule sur chaque étage :
réponse positive (X) au premier étage.

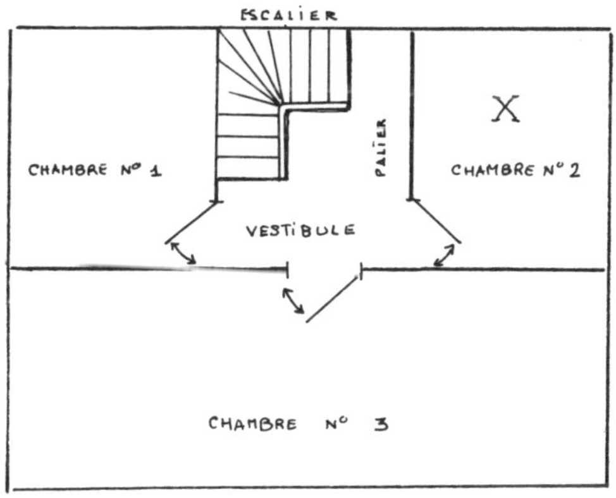

Passez le pendule sur chaque pièce de l'étage indiqué précédemment.
Réponse positive sur la chambre n° 2 : c'est là qu'il faut chercher (X).

Le jeu consiste à passer d'abord le pendule sur votre dessin ; explorez chaque pièce ou étage, ou plate-bande dessinés, avec la question :

« Dois-je chercher au premier étage ? (ou à la cave, ou au grenier).

« Dans la salle de bains ? (ou dans le bureau, ou dans telle chambre...).

« Dans tel bosquet ? Au pied de tel arbre ? »

On est convenu avec le joueur qui cache la chaussure de respecter certaines limites. Par exemple, pas dans les arbres, pas dans le sol, etc. Cela dépend de l'expérience des joueurs.

Ce qui est intéressant dans la recherche sur plan, c'est qu'elle gagne du temps en évitant de se déplacer. Si votre pendule tourne positivement sur la cave, vous pouvez vous dispenser d'aller galoper dans les greniers... Les chercheurs de trésors professionnels commencent toujours leur enquête par une recherche sur plan !

L'oscillation du pendule sur la feuille de papier délimite une zone de recherches précise, où la fouille pourra être pratiquée intensément sur chaque mètre ou centimètre carré.

Les joueurs ne partiront sur le terrain qu'après avoir délimité l'aire de recherches. Une fois dans la pièce, l'étage ou le buisson en question, ils procéderont comme dans le jeu précédent.

JEU N° 3
ENVOYER UN TÉLÉPATH

Pour ce jeu, il faut être séparé par une très grande distance géographique. Par exemple, Éléonore est à Lyon et Gilles à Paris. Ils conviennent de la chose suivante : « Lorsque tu passeras le pendule sur ma photo (ou sur ma lettre), tu m'appelleras. J'entendrai ton appel et je te téléphonerai aussitôt que possible (ou je t'écrirai). »

Chacun doit noter l'heure de l'appel et l'heure de la réponse. Ainsi, à 19 heures, lundi 6 juillet, Gilles prend son pendule et la photo d'Éléonore. Il se concentre et pose la question : « Éléonore, est-ce que tu m'entends ? » Le pendule commence à tourner négativement, parce qu'Éléonore est au cinéma et pense à autre chose. Mais au bout de quelques minutes le pendule inverse ses oscillations et se met à tourner positivement. Éléonore, tout d'un coup, et sans savoir pourquoi, pense à Gilles. Elle se dit : « Dès que je serai rentrée à la maison, je l'appellerai (ou je lui écrirai). » Et elle note l'heure à laquelle lui est venue cette idée.

Le message émis ou reçu par télépathie est un « télépath ». Les personnes très sensibles n'ont pas besoin de pendule pour communiquer ainsi, à des milliers de kilomètres de distance, avec leurs proches. La plupart du temps, cette communication est spontanée, et souvent même passe par le rêve endormi. Mais essayez consciemment et méthodiquement, avec l'aide d'un pendule et d'une photo... Vous serez étonné de réussir à établir le contact si facilement d'une ville à l'autre, et même d'un pays à l'autre ! Avec l'habitude, vous n'aurez même plus besoin de pendule.

JEU N° 4
LE FRANC PERDU

(recherche sur le terrain pour débutants)

Petit jeu spécial pour les futurs chercheurs de trésors... Avant de trouver un napoléon, un ducat d'or ou d'argent, exercez-vous sur des pièces ordinaires, par exemple un franc.

Pour chaque joueur, préparez une pièce semblable à celle qui va être cachée par l'un d'eux. Choisissez un terrain meuble : du sable, la terre d'une plate-bande, du gravier. Le jeu peut se pratiquer facilement l'été au bord de la mer. (Attention à la marée : trouvez la pièce avant que la mer ne recouvre la plage... et la pièce enterrée !) Commencez par délimiter un périmètre restreint (par exemple une plate-bande, ou un carré dessiné sur la plage), et convenez avec les autres joueurs que la pièce sera cachée à l'intérieur de ce périmètre.

Le joueur qui cache la pièce de monnaie doit prendre des points de repère... Sinon, il risque de ne plus rien retrouver ! Il doit aussi se munir d'une règle graduée, pour noter à combien de centimètres de profondeur il a enterré le franc en question.

Chaque joueur tiendra dans la main gauche la pièce de monnaie équivalente qui sert de témoin. Voici pour commencer une technique de recherche très simple : *le quadrillage au sol*. Si votre périmètre de recherches est bien délimité, vous pouvez tracer sur le sol un quadrillage, et passer avec votre pendule dans chaque carré (le quadrillage peut être fait également avec des piquets plantés en terre, reliés entre eux avec une ficelle).

Lorsque vous tomberez sur le carré où le pendule tourne positivement, vous saurez que la pièce est là ! Pour trouver le point précis, requadrillez le carré positif (selon la même technique que précédemment). Vous finirez par délimiter une toute petite surface. Et lorsque,

JEU N° 4

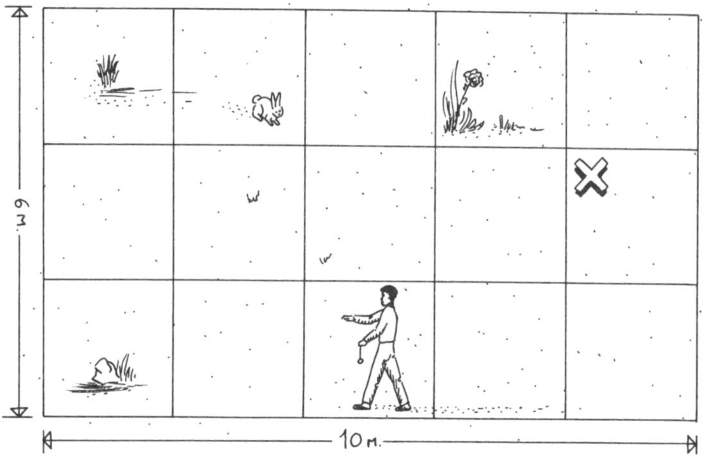

Quadrillez le sol où est cachée la pièce en traçant à la craie, ou avec piquets et ficelles, etc., des carrés. Passez le pendule dans chacun d'eux. Le pendule oscille positivement sur l'un (X).

à l'intérieur de celle-ci, le pendule passera à la verticale de la pièce enfouie, il tournera très fort ! Mettez un repère à cet endroit précis.

Pour trouver à quelle profondeur elle se cache, posez mentalement la question : « La pièce est-elle enterrée à 1 centimètre de profondeur ? » Si votre pendule tourne négativement, continuez : « A 2 centimètres ? A 3 centimètres ? etc. » jusqu'à ce que la réponse soit affirmative. Vous n'aurez plus qu'à creuser !

JEU N° 5
LE FRANC PERDU
(suite)

C'est le même jeu que précédemment, mais pour des joueurs un peu plus expérimentés. Le principe de départ est le même : l'un des joueurs cache un franc au milieu de la plage. Mais, et c'est là toute la différence, il ne délimitera aucun périmètre précis. Les autres joueurs, qui cherchent ce franc, devront donc se munir :

– d'un autre franc (le témoin),

– de plusieurs pelotes de ficelle ou de fil avec des piquets. (Si vous n'avez ni fil ni ficelle, tracez des lignes droites sur le sable.)

JEU N° 5

Debout en A, matérialisez par une ficelle tendue entre deux piquets
la direction indiquée par le pendule, A'.
Recommencez à partir d'une autre position B.
Le point O est l'endroit où se croisent les ficelles :
l'objet cherché est là.

Donc voilà : vous devez chercher une toute petite pièce au milieu du vaste monde !

Placez-vous au bout de la plage et, bras tendu en avant, « en antenne », visez une direction et posez à votre pendule la question : « La pièce est-elle cachée dans cette direction ? » Lorsque le pendule dit OUI, plantez un piquet à l'endroit où vous êtes placé, et tendez la ficelle dans la direction indiquée comme positive (ou bien tracez sur le sol une ligne droite entre le point de départ et le point de repère).

Ensuite, placez-vous à un autre bout de la plage et posez la même question. Tendez une ficelle (ou tracez une ligne droite) entre votre deuxième position et le deuxième point de repère. L'endroit où les ficelles se recoupent (ou bien les lignes tracées au sol) est celui que vous cherchez. La pièce est là.

Pour savoir à quelle profondeur creuser, utilisez la même technique que dans le jeu précédent (n° 4).

Cette recherche pourrait aussi se faire sur plan, avec l'aide d'un rapporteur, et en tirant des lignes droites sur l'angle indiqué par le rapporteur. Au lieu de tracer les lignes au sol, ou de les matérialiser par des piquets, vous tirez des traits au crayon sur votre plan ou carte. Une carte précise (avec l'échelle exacte) vaut mieux qu'un plan approximatif dont l'inexactitude peut vous amener des déboires. Par exemple, si vous cachez la pièce de monnaie sur une plage, munissez-vous de la carte marine correspondante (s'achète chez le libraire local).

JEU N° 6
LES ENVELOPPES MYSTÉRIEUSES

Ce jeu est inspiré des exercices que l'on propose aux étudiants de parapsychologie. Prenez dix enveloppes ordinaires (quel que soit le nombre de joueurs), ni écrites ni timbrées. Prenez également une photo d'identité de l'un des joueurs (n'importe lequel). Prenez, enfin, quelques cartes de visite (usagées ou non, leur intérêt est d'être en papier bristol, relativement rigide, comme celui de la photo d'identité.

Découpez dans le papier bristol 9 petits rectangles aux dimensions exactes de la photo d'identité. Ensuite, tous les joueurs sortent de la pièce, sauf un d'entre eux, Gilles. Il met la photo d'identité dans l'une des enveloppes vierges et les 9 petits rectangles blancs de même format dans les 9 autres enveloppes. Qu'il les ferme ou non n'a aucune importance. La seule chose essentielle, c'est de disposer les enveloppes à plat sur une table, et que l'on ne puisse pas distinguer à l'œil nu de différence entre elles. (Voilà pourquoi on découpe de petits rectangles de papier bristol au même format que la photo d'identité. Si les 9 autres enveloppes étaient vides, on risquerait de repérer celle qui contient la photo d'identité.) Gilles numérote les enveloppes, puis appelle les autres joueurs qui rentrent dans la pièce. Ils doivent, si possible sans toucher les enveloppes, passer leur pendule au-dessus de chacune d'elles, en posant mentalement la question : « La photo est-elle dans CETTE enveloppe ? » Il n'y a cette fois aucun besoin de témoin, puisque nous avons choisi la photo d'identité de l'un des joueurs présents devant tout le monde (mais seul Gilles sait dans quelle enveloppe il l'a mise).

Les joueurs doivent opérer en silence, sans se gêner mutuellement. Puis ils notent le numéro de l'enveloppe qu'ils pensent être la bonne (par exemple, la troisième enveloppe à partir de la gauche). Quand tout le monde a fini le test, Gilles demande à chaque joueur de dire ce qu'il croit avoir trouvé. Puis on ouvre toutes les enveloppes... Normalement, après quelques répétitions, la majorité des joueurs arrivent à une réponse exacte. Ce qui est intéressant pour ceux qui se sont trompés, c'est de comprendre pourquoi (voir chapitre précédent).

JEU Nº 7
LA CARTE... POSTALE

De façon générale, vous avez intérêt à beaucoup vous exercer, à recommencer plusieurs fois de suite le même exercice. Vous pouvez aussi inventer des variantes.

Voici, par exemple, ce qu'on peut faire avec un jeu de cartes (52 si vous en avez le courage, sinon 32 !) Et, s'il manque une carte, aucune importance. Outre le jeu de cartes, prenez un timbre-poste autocollant.

Éléonore fait sortir tous les joueurs et colle le timbre sur la figure de l'une des cartes, la dame de cœur, par exemple. Puis elle étale à l'envers toutes les cartes, en les alignant sur la table de façon que l'on ne voie rien (attention que le timbre ne dépasse pas ou ne soulève pas la carte !). Si les joueurs sont nombreux, Éléonore dispose ses cartes par paquets de trois ou quatre, assez espacés de façon que chaque joueur puisse travailler tranquillement sans gêner les autres.

Éléonore fait rentrer les joueurs dans la pièce. Ils devront passer le pendule sur chaque carte, en posant intérieurement la question : « Est-ce que le timbre est collé sous CETTE carte ? » Les petits malins, pour aller plus vite, passeront le pendule au-dessus des paquets de cartes, de façon à éliminer tout de suite ceux où il est inutile de chercher.

Le premier qui a trouvé gagnera... un pendule en chocolat !

JEU N° 7

RETROUVER LA CARTE A JOUER « TIMBRÉE »

Applications pratiques du pendule

LA VIE QUOTIDIENNE

Lorsque vous serez rodé, vous manierez le pendule sans angoisse.

Éliminez la peur : c'est la condition primordiale de toute réussite dans le domaine de la parapsychologie (et ailleurs !). La peur bloque les réflexes, bloque l'intuition, empêche la visualisation claire. C'est un long travail sur soi-même qu'il est indispensable d'entreprendre : on ne le répétera jamais assez.

Tous les débutants ont peur, quelle que soit la matière à apprendre. Les apprentis pâtissiers ont peur de brûler les gâteaux, les apprentis cyclistes de ramasser des bûches, les apprenties secrétaires de gâcher leur page... Quant aux apprentis pilotes – vous devinez le risque ! Mais ce sont là des disciplines classiques, admises par tout le monde. Les études y sont sanctionnées par des diplômes respectés de tous !

Rien de commun avec la radiesthésie. A l'inquiétude normale de tout débutant s'ajoute souvent la culpabilité de toucher à quelque chose d'« interdit », d'« irrationnel », de passer pour un charlatan, etc. Des siècles d'inquisition nous ont collectivement marqués de réflexes de peur. Autrefois on craignait le bûcher, aujourd'hui... il reste l'opinion publique, qui condamne ce qui n'est pas officiellement enseigné à l'université. Certains craignent l'opinion des voisins, se cachent pour s'exercer au pendule. Je connais plusieurs excellents médecins qui font leur diagnostic en s'aidant de la radiesthésie... mais jamais sous les yeux du patient ! Dans bien des cas, ce dernier retirerait sa confiance au praticien s'il le savait ! Il faut se dégager du « qu'en-dira-t-on » et de ses craintes. Certaines décisions, petites et grandes, sont parfois difficiles à prendre, parce que l'on manque d'informations suffisantes. Le pendule peut donc aider, entre plusieurs possibilités, à choisir la meilleure.

Sans entrer dans les techniques plus approfondies, dont je vous parlerai au chapitre suivant, voici quelques exemples dont vous pourrez vous inspirer et qui montrent l'intérêt pratique du pendule.

HISTOIRE DU TAXI QUI N'ARRIVAIT PAS

Un jour de départ, nous voici assises à la table d'un café, ma fille Éléonore, une amie, le chien à nos pieds... et un énorme tas de bagages. Voilà près d'une heure que nous attendons le taxi ! Au téléphone, il avait pourtant l'air d'avoir compris l'heure et le lieu où il devait nous prendre. Nous ne savons que faire. Téléphoner à un autre taxi ? En trouvera-t-on ? C'est risqué, nous sommes dans un tout petit village. Et si le premier taxi arrive ? Il me vient alors l'idée d'utiliser le pendule pour savoir que faire.

Je prends une clé, l'attache à un long cheveu d'Éléonore et la suspends au-dessus de la carte de visite du taxi. A la première question : « Le taxi a-t-il parfaitement compris ? » Notre pendule improvisé tourne positivement. « Nous a-t-il oubliés ? » Réponse : *« Non. »* (C'est toujours ça, on peut vivre d'espoir !...) A la question suivante : « Le taxi est-il en route pour nous prendre ? », le pendule répond affirmativement (les gens des tables voisines commencent à nous regarder d'un air bizarre). « Avons-nous intérêt à l'attendre ? » *« Oui »*, répond sans hésitation le mouvement giratoire de la clé. « Arrive-t-il bientôt, cet animal ? » (« Oh, maman, dit Éléonore, comme c'est vilain d'injurier les animaux, les pauvres ! »)... Mais le pendule tourne nettement : *« Oui. »* Tout d'un coup, son mouvement s'accélère sous mes doigts, le voilà qui part à fond de train ! Quelle mouche le pique ? « Tiens, dit Éléonore, voilà le taxi qui arrive ! » Je lève le nez : il est là !

HISTOIRE D'UNE BACHELIÈRE DE LA DERNIÈRE MINUTE

Anne n'a pas beaucoup travaillé l'Histoire... Nous sommes à quelques jours de l'oral du bac, et elle s'affole : cet énorme programme, avec toutes ces dates peu comestibles, ces noms indigestes... Bref, la panique.

Sa mère me dit : « Ma fille regrette de ne pas avoir travaillé son programme d'Histoire... mais maintenant, il est un peu tard pour rattraper. Ne pourrait-on trouver, à l'aide du pendule, quelle sera la question d'examen ? » Je lui réponds que c'est possible, et voilà sœur Anne qui arrive avec son gros livre d'Histoire.

POUR PASSER LE PENDULE AU-DESSUS D'UN LIVRE

Préparer un cache en papier ne laissant apparaître qu'un seul titre de chapitre à la fois.

Nous ouvrons les pages de la table des matières (il y en a trois en tout). Question : « Le sujet d'examen est-il sur cette page-ci ? » Le pendule répond *« Oui »* sur la troisième page, *« Non »* sur les deux premières. Ensuite, nous prenons une feuille blanche, dont nous évidons un rectangle de façon à couvrir cette page en ne laissant visible qu'une seule ligne (un titre de chapitre).

En passant le pendule sur la liste des chapitres, en posant la question : « Est-ce LE sujet sur lequel Anne va être interrogée ? » le pendule manifeste un enthousiasme très net pour la Première Guerre mondiale. Anne a compris ; elle s'enfermera chez elle et apprendra par cœur tout ce qui concerne la guerre de 14-18.

Le jour de l'examen, Anne tombe sur un professeur passionné d'histoire militaire : il l'interroge sur l'attentat de Sarajevo (28 juin

1914). Elle répondra brillamment, aura une très bonne note, et sera reçue ! (Je m'en voudrais de décourager les étudiants qui travaillent toute l'année... Il s'agit seulement de rendre un peu d'espoir aux désespérés !)

HISTOIRE D'UN COLLÈGE A CHOISIR

Ma fille Gwenaëlle voulait aller au collège en Angleterre, pour apprendre l'anglais. A force de collectionner des renseignements à droite et à gauche, j'avais fini par accumuler une jolie documentation. Sur ces pages idylliques, défilaient des pelouses fleuries, des enfants réjouis jouant au cricket sous un soleil tropical, des salles de classe ultramodernes et des professeurs éternellement souriants... Comment choisir ? Qui croire ? Je n'avais ni le temps ni les moyens d'aller passer quinze jours en Angleterre pour inspecter ces écoles. Il fallait se décider vite et faire un bon choix.

Gwenaëlle et moi disposons à plat sur une table les documents. Le pendule tourne négativement sur deux d'entre eux, hésite sur trois et, enfin, tourne très positivement sur un petit prospectus modeste, sans photos, qui était passé inaperçu. « Drôle d'idée, dit Gwenaëlle, pourquoi celui-là ? Recommençons. » Mais le pendule suit son idée, et tourne toujours, très positif. « Eh bien, prenons rendez-vous. Allons-y. » Ainsi fut fait... et jamais Gwenaëlle ne regretta le choix de ce collège « Our Lady », à St Leonard on Sea. Elle y passa deux années très heureuses.

La préférence s'expliquait : ce n'était pas un collège luxueux, mais plutôt une petite école familiale, où régnait une atmosphère bon enfant idéale pour une adolescente étrangère venue là pour apprendre la langue. Un grand merci au pendule !

HISTOIRE D'UN CHOIX DIFFICILE : DEUX INVITATIONS EN MÊME TEMPS !

Martine a reçu deux invitations pour deux réceptions différentes, qui ont lieu le même jour, à la même heure. A laquelle aller ? L'une des invitations a un caractère familial : il s'agit d'un baptême chez des cousins lointains, mais très gentils. L'autre est tout à fait différente : il s'agit d'un goûter suivi de la projection d'un film. Martine retourne la question dans tous les sens en essayant d'évaluer les avantages et les inconvénients : la famille, cela peut être très ennuyeux... mais c'est une occasion de rencontrer de jeunes cousins sympathiques. Le film serait plus séduisant : mais la famille ne sera-t-elle pas vexée par son refus ? Et si le film est ennuyeux ?

Martine pose à plat sur la table les deux invitations et s'efforce de se mettre dans un état d'esprit serein. Promenant son pendule sur l'invitation familiale, le voilà qui tourne positivement ! Et sur la séance de cinéma, négativement. Martine recommence plusieurs fois en posant la question : « Cette invitation est-elle la meilleure pour moi ? » Le pendule donne inlassablement la même réponse : *non* au cinéma !

Mais Martine n'a pas confiance dans son pendule, qu'elle pratique depuis très peu de temps. Faisant fi de la réponse obtenue – pourtant claire – elle prend sa plus belle plume et écrit aux cousins : « Désolée de ne pouvoir accepter votre invitation, étant retenue par ailleurs », et au ciné-club : « Oui, je viendrai... »

Or le film s'est avéré très mauvais, l'animateur tout à fait nul, le groupe de gens inintéressant pour Martine. Résultat : un après-midi gâché. Quelque temps après, une cousine lui dit : « Ah, quel dommage que tu ne sois pas venue à ce baptême ! Il y avait Untel, et Untel, et Untel... Tout le monde s'est bien amusé... et on est resté jusqu'à une heure du matin à danser, nous les jeunes. C'était vraiment super ! Comme on t'a regrettée ! » Martine se mord les lèvres : elle a fait *le* mauvais choix ! La prochaine fois, elle fera confiance à son pendule...

HISTOIRE DU RENDEZ-VOUS MANQUÉ... ET RATTRAPÉ GRÂCE AU PENDULE

Odile et Jean me donnent rendez-vous à déjeuner. Je dois les retrouver à leur bureau, puis nous irons ensemble dans un bistrot du quartier. Mais il y a des jours où l'on s'organise mal. J'arrive en retard à leur bureau – plus d'une demi-heure ! Lassés de m'attendre, ils sont partis ! Ils ont pensé que j'avais oublié. Mais où vont-ils déjeuner d'habitude ?

A la sortie de leur bureau, rue du Faubourg-Saint-Honoré, je balance mon pendule (d'occasion, une bague sur un cheveu). Faut-il aller à droite, ou à gauche ? *« A droite »*, répond le pendule. J'avance, et devant moi s'ouvre la rue Duphot. « Est-ce la bonne ? » *« Oui »*, répond bravement le pendule. « Trottoir de gauche ? »

« *Non.* » « De droite ? » « *Oui.* » Je me dirige donc dans cette direction et j'entre dans tous les bistrots qui s'alignent sur ce trottoir. Au troisième, j'aperçois Odile et Jean attablés devant une choucroute fumante. Me voilà sauvée ! Si j'avais dû passer au peigne fin les quarante bistrots qui se trouvent dans un rayon de cent mètres autour de leur bureau, je courrais encore. Vive le pendule qui m'a permis de rattraper mon retard !

LA RADIESTHÉSIE MÉDICALE

La radiesthésie rend dans ce domaine d'immenses services, et nombreux d'ailleurs sont les médecins qui pratiquent à l'aide du pendule. Ceux-là n'ont pas besoin de multiplier les examens de laboratoire (coûteux), ni les examens radiologiques (dangereux). Grâce aux indications de leur pendule, ils peuvent découvrir les organes atteints, la localisation des corps étrangers, contrôler le taux de cholestérol ou le nombre de globules rouges, etc., enfin poser le diagnostic, puis choisir des remèdes et un régime alimentaire appropriés.

Mais, direz-vous, la radiesthésie n'est pas enseignée à la faculté de médecine... Et si le médecin se trompe lorsqu'il travaille au pendule ? S'il pose un mauvais diagnostic ? ou prescrit un mauvais traitement ?

On peut répondre à cela que les erreurs chez les médecins « normaux », qui n'utilisent pas le pendule, sont très fréquentes, beaucoup plus que ne le croit le grand public.

Souvent dépassés par le développement de la technologie, ils n'ont pas le temps de suivre ; poursuivis par les laboratoires qui leur proposent sans cesse de nouveaux médicaments miracles, les médecins sont désarmés devant les nouvelles « maladies de civilisation »...

J'ai travaillé des années comme journaliste médicale à la rédaction du mensuel *L'Impatient* (« Journal de défense des consommateurs de soins médicaux »). Toutes les semaines nous recevions des lettres de malades victimes d'une erreur médicale, ou de leurs parents désespérés. A l'époque, il y a vingt ans, un silence de plomb couvrait toutes les « bavures » médicales ; aucun tribunal ne reconnaissait le tort fait au malade (pouvant aller jusqu'à la mort). Personne ne voulait condamner un médecin, et sa victime se voyait refuser toute indemnisation. Aujourd'hui, c'est différent : on admet que le médecin est un être humain qui, malgré ses diplômes, peut se tromper. Il ne faudrait cependant pas aller trop loin dans cette voie et persécuter les médecins comme on le voit aux États-Unis : on risquerait de tuer toute médecine en décourageant la bonne volonté et l'honnêteté professionnelle des meilleurs. Aussi, de plus en plus nombreux sont les médecins, conscients des faiblesses de la médecine occidentale, qui se tournent vers d'autres médecines. Conscients également de la gravité des erreurs qui peuvent se produire, même avec un appareillage sophistiqué, ils se mettent à la radiesthésie. Le pendule aide à développer le « flair » médical qui, à la longue, devient beaucoup plus sûr que la radio ou les analyses de laboratoire... et moins cher !

Quant aux laboratoires, les associations de défense du consommateur ont montré que leur fiabilité n'était pas absolue : il suffit que le personnel du labo se trompe d'étiquette ou de flacon !...

LE DIAGNOSTIC

Le diagnostic consiste à mettre une étiquette sur une maladie, à déterminer quel organe est atteint, selon des symptômes classiques et connus.

Il n'est pas toujours nécessaire. Voyez les animaux malades, qui vont instinctivement brouter leur plante préférée, celle qui les guérira. Ont-ils « formulé un diagnostic » ? Non, et pourtant ils guérissent, sans avoir consulté le dictionnaire Vidal !

Certains radiesthésistes recherchent directement le remède, sans passer par le diagnostic. Après tout, si l'on guérit, le reste n'a aucune importance !

L'avantage de cette méthode, c'est l'absence de préjugés. L'esprit du radiesthésiste étant tout à fait libre, il indiquera plus rapidement le bon remède... Et puis, les maladies n'étant pas toutes connues, cette méthode permet de soigner des cas qui désespèrent les praticiens classiques.

Herrinckx et Servranx, dans leur excellent petit livre (*Initiation à la radiesthésie médicale*[1]), racontent l'histoire suivante, que je résume : un de leurs amis rentre de voyage avec tous les symptômes habituels de la grippe. N'étant pas médecin, mais ayant trouvé par

1. Éditions du CIR, 102, rue La Boétie, 75008 Paris.

hasard une trousse de remèdes homéopathiques contenant 200 tubes, il décide de passer le pendule sur chacun d'eux. Réponse positive sur : *Lycopodium, Alumina* et *Sanguinaria*.

Il poursuit ses recherches pour trouver à quelle dilution homéopathique ces remèdes doivent être pris. Le pendule indique : *Lycopodium* 30, *Alumina* 6, *Sanguinaria* 6 (on sait qu'en homéopathie la dilution centésimale est capitale). Le malade n'hésite pas, prend les remèdes... et se sent mieux dès le premier jour : sa gorge dégonfle, la fièvre disparaît, ses forces reviennent. Le troisième jour, il est guéri, et raconte son aventure à un médecin homéopathe qui lui dit : « Mais ce ne sont pas des remèdes pour la grippe ! » Qu'en conclure ? Il avait peut-être attrapé au cours de son voyage une maladie tropicale rarissime, dont les symptômes ressemblaient à ceux de la grippe. Au lieu de perdre du temps à identifier cette maladie peu connue, il a cherché directement le remède, sans s'embarrasser du diagnostic. Résultat : il a guéri bien plus vite. Ou alors, il avait vraiment la grippe... mais sous une nouvelle forme (puisqu'on voit apparaître chaque année une variante : espagnole, asiatique, méningée, etc.). Il a trouvé le remède sans attendre l'avis de la Faculté !

Si vous n'êtes pas médecin, vous pouvez essayer de déterminer le remède nécessaire, directement sans passer par le diagnostic (voir ci-après, au paragraphe « Le choix des remèdes »).

Si vous préférez établir un diagnostic, ce qui est plus satisfaisant quand on a une formation médicale, voici la méthode la plus simple. Il vous faut :

– le *pendule* ;

– le *sujet* (ou un *témoin*, en l'absence du sujet) ;

– une *grande planche anatomique* (en couleurs, si possible) comme on en voyait, accrochées au mur, dans les classes de sciences naturelles... A défaut, chercher dans les dictionnaires, Larousse ou autres, les planches anatomiques (mais elles sont petites et pas toujours en couleurs) ;

– une *feuille de papier calque* ;

– un *crayon* ;

– l'*échelle de Bovis* (voir ci-contre).

L'échelle de Bovis a été adoptée par de nombreux professionnels de la santé, car elle aide considérablement le diagnostic. Médecins, vétérinaires, géobiologistes (qui pratiquent la « médecine de l'habitat »), ostéopathes, kinésithérapeutes, magnétiseurs, etc., sont unanimes : après l'avoir adoptée, on ne peut plus s'en passer.

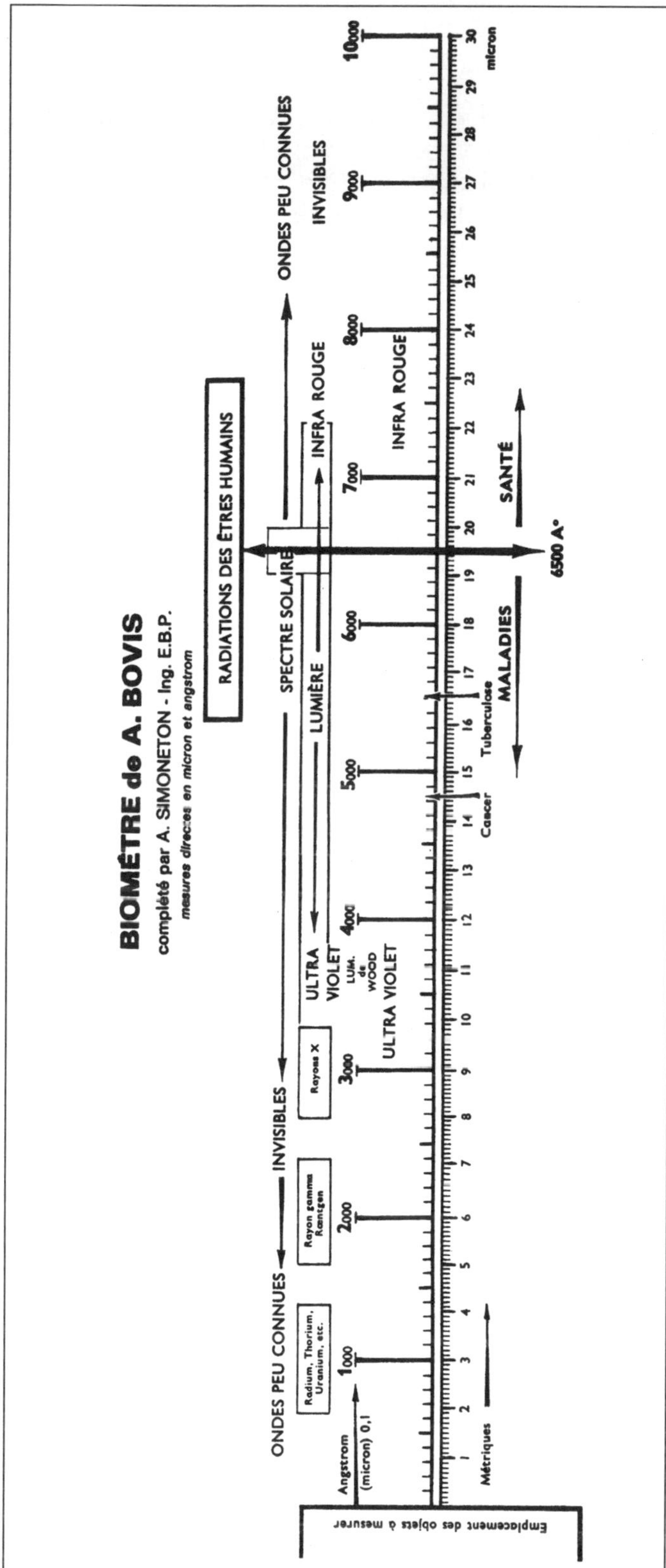
BIOMÈTRE de A. BOVIS
complété par A. SIMONETON - Ing. E.B.P.
mesures directes en micron et angstrom
RADIATIONS DES ÊTRES HUMAINS
ONDES PEU CONNUES
INVISIBLES
SPECTRE SOLAIRE
INVISIBLES
ONDES PEU CONNUES
Radium, Thorium, Uranium, etc.
Rayon gamma Rœntgen
Rayons X
ULTRA VIOLET
LUMIÈRE
INFRA ROUGE
LUM. de WOOD
1000
2000
3000
4000
5000
6000
7000
8000
9000
10000
ULTRA VIOLET
INFRA ROUGE
Angstrom
(micron) 0,1
1 2 3 4 5 6 7 8 9 10 11 12 13 14 15 16 17 18 19 20 21 22 23 24 25 26 27 28 29 30
micron
Métriques
Cancer
Tuberculose
MALADIES
SANTÉ
6500 A°
Emplacement des objets à mesurer

Cette échelle graduée porte le nom d'un électronicien appelé Bovis, qui l'avait mise au point (la reproduction ci-contre est extraite du livre d'André Simoneton, *Radiations des aliments, ondes humaines et santé*, Éd. Le Courrier du livre, Paris[1]).

L'échelle de Bovis peut se présenter également sous la forme d'un demi-cercle (voir dessin).

Comment l'utiliser ?

En présence du malade – ou d'un témoin de celui-ci (photo, cheveux, écriture, carte de visite...) –, on place le pendule au-dessus de l'échelle, en progressant à partir de 6 500 angströms (Å)[2] qui est la valeur moyenne de la Terre lorsque son rayonnement n'est pas perturbé. Ensuite, on promène le pendule dans l'une ou l'autre direction. Le pendule se met à osciller suivant votre propre convention mentale, lorsqu'il arrive à l'échelon correspondant à l'état du malade.

En négatif, lorsqu'on descend à – 5 500 Å, on peut craindre la tuberculose. En dessous de 5 000 Å, est-ce le cancer ? le sida ? En descendant vers 4 000 Å, on se souviendra que les ultraviolets donnent le cancer de la peau.

Par contre, dans la frange haute, au-dessus de 6 500 Å, on progresse vers les infrarouges, qui sont, au contraire, extrêmement énergétisants.

Dans l'échelle de Bovis transposée en demi-cercle, les gradations sont indiquées en éventail. C'est la même chose : on procède en mettant le pendule au centre du cercle et on voit dans quelle direction il se met à osciller.

Si l'on est géobiologiste, on ne soigne pas directement l'être vivant, humain, animal ou végétal, mais son habitat ; on utilise l'échelle de Bovis de la même façon pour poser un diagnostic sur l'état de la maison. Ce diagnostic se fait sur le terrain ou sur plan (voir plus loin).

Mais revenons à la médecine : si vous voulez une analyse de santé plus précise, il faut travailler en détail.

Si le malade est présent, pas besoin de témoin. Allongez-le et passez le pendule très lentement au-dessus de son corps, en demandant si c'est bien telle partie qui est atteinte. Jetez régulièrement un coup d'œil sur la planche anatomique, car elle vous aide à

1. On peut l'acheter dans l'excellente librairie « La Maison de la Radiesthésie » 11, rue Saint-Roch, 75011 Paris, tél. : (1) 42 60 41 84.

2. Angström : unité de mesure utilisée pour mesurer les longueurs d'onde (de la lumière en particulier). Un angström est égal à 10^{-10} mètres. Symbole : Å.

LE BIOMÈTRE

(ou échelle) de Bovis transposé en demi-cercle

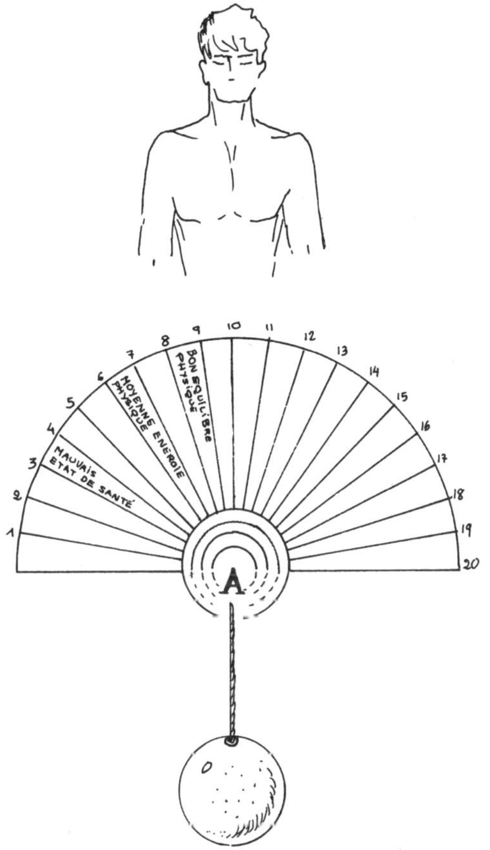

On suspend le pendule au-dessus du point A,
et on le laisse prendre sa direction (de la case 1 à la case 20) en oscillant.
Le radiesthésiste se place en face de la personne à analyser.
Si elle n'est représentée que par une photo ou un objet lui appartenant,
on place celui-ci à proximité du biomètre, en se concentrant sur l'objet.

visualiser mentalement les organes au-dessus desquels passe votre pendule. Si vos facultés « psy » étaient vraiment très développées, vous n'auriez même pas besoin du pendule : vos mains sentiraient les vibrations émises par les organes, à quelques centimètres au-dessus du corps ; vous verriez l'« aura » du malade, c'est-à-dire les couleurs qu'il émet. Les zones noires ou sombres correspondent à

RADIESTHÉSIE MÉDICALE

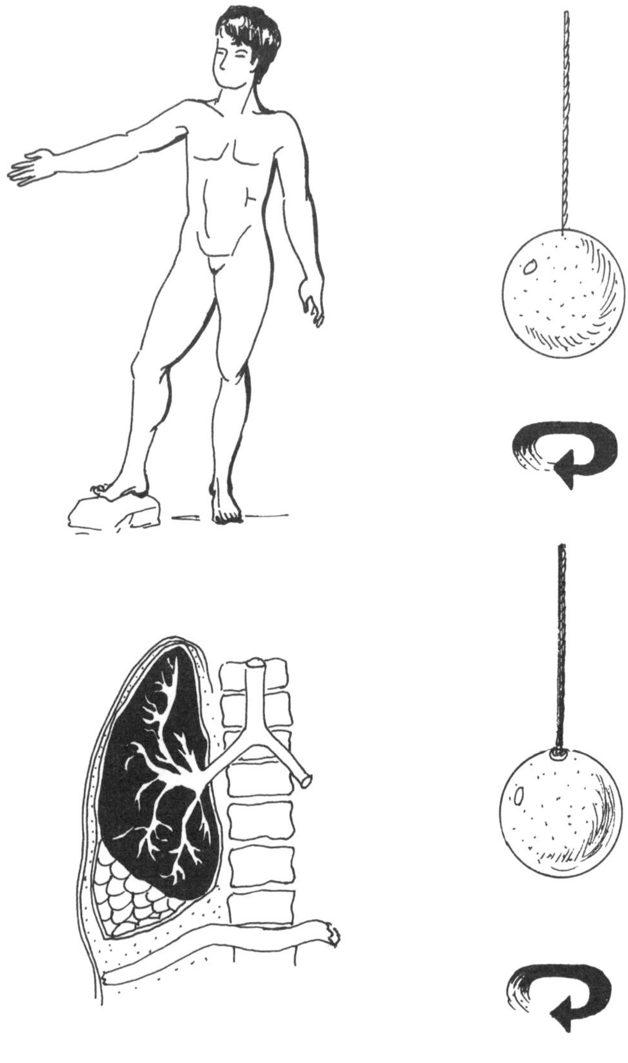

Chaque membre, chaque système,
chaque organe (ici, le poumon) doit être exploré au pendule.
L'étudiant en radiesthésie devra travailler
à l'aide de planches anatomiques,
pour mieux visualiser les organes en cause.

un organe malade (voir *L'Univers d'Edgar Cayce*, tome I, Éditions Robert Laffont, chapitre sur les auras). Si vous n'avez pas la perception de l'aura, le pendule vous apportera néanmoins l'information nécessaire.

Si le malade est absent, procédez un peu différemment : au lieu de parcourir un corps vivant avec votre pendule, vous parcourez la planche anatomique, le témoin dans la main gauche et le pendule dans la droite (les meilleurs témoins, dans ce cas, sont les cheveux, l'urine, la salive).

Arrêtez-vous longuement sur chaque organe, jusqu'à ce que le pendule tourne OUI ou NON. Lorsqu'il tournera positivement, prenez une feuille de papier calque (très ordinaire, en vente dans toutes les papeteries !) et posez ce papier transparent sur la planche anatomique ; commencez à dessiner, centimètre par centimètre, le contour de l'organe suspect (millimètre par millimètre si malheureusement vous n'avez qu'une toute petite planche anatomique ! Voilà pourquoi il est plus intéressant d'en avoir une grande et en couleurs !).

A chaque trait de crayon, vérifiez si votre pendule tourne toujours positivement : c'est donc bien la partie atteinte. Ainsi, vous précisez le diagnostic, en délimitant l'étendue des dégâts.

Cette méthode est valable lorsqu'il y a une lésion organique. Mais les maladies psychiques ou nerveuses, en particulier les dépressions, ne sont pas toujours « somatisées », c'est-à-dire traduites par un mal physique bien défini, surtout au début. J'ai souffert jadis de dépression nerveuse, à la suite d'un accouchement, et mes parents m'avaient conduite chez un généraliste connu. Son cabinet était une véritable vitrine de la technologie de pointe : c'était superbe, laqué blanc partout. La table d'examen, commandée par un tableau de bord électronique, se dépliait toute seule : impressionnant ! J'ai dit au médecin : « Je me sens très fatiguée, je casse tout, j'oublie tout, je n'arrive pas à dormir. » Il m'a auscultée avec sa panoplie : cœur parfait, tension honnête, numération globulaire normale, rien à dire sur l'urée, rien de visible à la radio...

Diagnostic : « Vous n'avez rien du tout. » (Ses appareils n'avaient rien décelé !) Trois mois après, force était de constater les symptômes évidents de dépression nerveuse, et d'hospitaliser la dame « qui n'avait rien du tout » !

Bien entendu, le pendule, sensible à une perturbation du corps physique, le sera aussi à une perturbation des corps mental et spirituel... Dans ce cas, il faut passer directement à d'autres types de recherches :

– Le malade est-il *sous l'influence* d'ondes telluriques nocives (dans son habitat ou dans son travail) ? Cas fréquent aussi en médecine vétérinaire.

– Est-ce une maladie qui n'est *pas encore déclarée*, mais qui se révélera bientôt (au fur et à mesure que le terrain s'affaiblit) ?

– Est-ce une *maladie psychique* ? (Comme celles-ci sont encore bien mal connues, passez directement à la recherche des remèdes.)

Pour ceux qui pratiquent l'*astrologie médicale*, je signale que le pendule permet d'explorer beaucoup plus à fond les possibilités du thème. On arrive à un diagnostic précis, et même à un pronostic sur l'état de santé dans les mois à venir. Il suffit de passer le pendule au-dessus du thème, celui-ci étant un excellent témoin.

CHOIX DES MÉDICAMENTS

(ou vérification du médicament correct)

Un peu de sens critique

C'est-à-dire de bon sens : tous les médicaments ne conviennent pas à tout le monde !

Votre médecin vous a ordonné tel ou tel médicament parce qu'il le prescrit habituellement pour telle ou telle maladie. Mais... sans vouloir remettre en cause sa compétence, il n'est pas sûr que ce médicament vous convienne absolument :

– Il peut vous être personnellement contre-indiqué (pour des raisons que le médecin ou vous-même ignorez).

– Vous pouvez être allergique, ou souffrir d'allergie croisée entre ce médicament et un autre, apparemment anodin, que vous prenez habituellement. Parfois même, le médecin ignore l'incompatibilité des deux médicaments qu'il a prescrits ensemble (cas très fréquent en chimiothérapie).

– Ou bien le médicament que vous vend le pharmacien est périmé, n'a pas été préparé sérieusement, etc. (Cela arrive malgré la bonne foi du pharmacien et la date limite réglementaire.) Un exemple : les plantes médicinales qui ont été traitées aux pesticides... Le médecin qui les prescrit, le pharmacien qui les vend, n'en savent rien. Ces plantes ont perdu, c'est évident, une grande partie de leurs pouvoirs. Mais votre pendule, lui, ne s'y trompe pas !

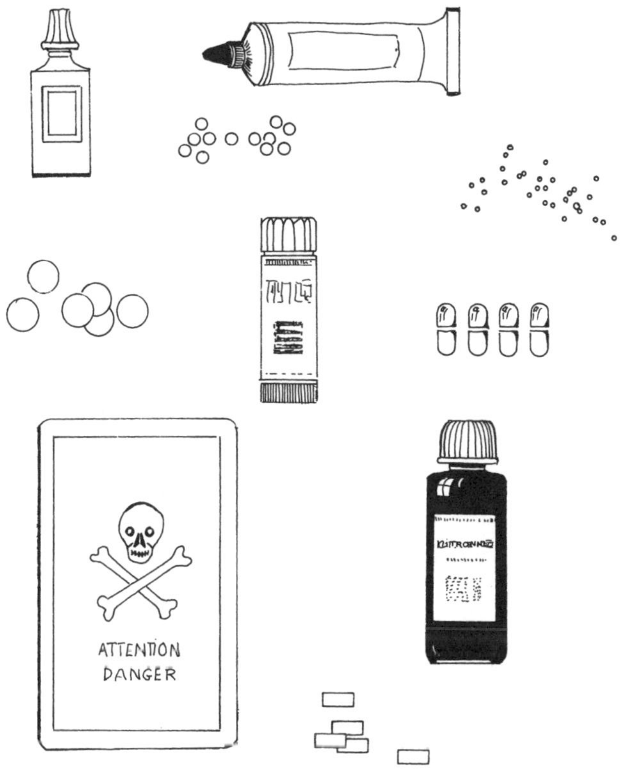

Vérifier chaque médicament au pendule
chez le pharmacien
avant de l'acheter ou de le consommer.

Comment procéder ?

Chez le pharmacien. Expliquez-lui gentiment que vous allez faire vérifier au pendule que ces médicaments vous conviennent bien. Muni de votre ordonnance, il dépose les boîtes sur le comptoir. Isolez-vous discrètement pendant quelques minutes, et passez le pendule au-dessus de chaque boîte, en vous concentrant mentalement sur la question : « Ce médicament est-il bon pour moi ? » N'achetez que si la réponse est OUI. Mais soyez courtois avec le pharmacien, et ne lui faites pas déballer tout son stock en traînant des heures dans la boutique !

Chez soi. Il n'est pas mauvais de vérifier de temps en temps son stock de médicaments : certains peuvent être périmés, mais il est possible aussi que le médicament ne vous convienne plus parce que vous avez changé : quel que soit le type de médecine utilisée, on a constaté que l'effet des médicaments ne dure qu'un temps... pour des raisons que personne ne s'explique vraiment. Il faut toujours, au bout d'un certain laps de temps, changer de médicament.

Pour une autre personne. Mettez-lui dans la main le médicament (ou son emballage, même vide) et passez votre pendule au-dessus. Vous n'aurez pas besoin de témoin ici, puisque l'objet de la recherche ainsi que la personne en cause sont présents.

A distance. Dans ce cas, il faut un témoin du malade. (C'est pourquoi notre radiesthésiste demandait une mèche de cheveux à ses patients.) Quant au médicament, il doit être défini très exactement... A question floue, réponse floue ! Un emballage de ce médicament permettra de poser une question précise.

CHOIX DES ALIMENTS

Même démarche que pour les médicaments, et soyez le plus précis possible. Vous pouvez demander : « Les carottes, en général, me sont-elles favorables ? » en passant votre pendule sur une vraie carotte, ou une image de carotte (témoin). Mais il vaut beaucoup mieux travailler dans des situations concrètes. Supposez que OUI, le pendule indique que les carottes vous sont bienfaisantes (sur image témoin). Là-dessus, dans un restaurant, vous choisissez un plat de carottes, et vous sortez votre pendule (sous l'œil intéressé de vos voisins). Or, cette fois, il répond négativement à la question : « Ces carottes me conviennent-elles ? » Votre pendule a ses raisons que votre raison ne connaît peut-être pas... Les carottes en question peuvent avoir été tellement traitées, conditionnées, badigeonnées de tous les pesticides existants, qu'elles sont devenues toxiques. Ou encore, elles sont accommodées à une sauce, une épice, un corps gras auquel vous êtes allergique...

Conclusion pratique : passez le pendule une première fois, de façon très générale, sur une liste d'aliments (écrits, ou plutôt photographiés, comme dans un livre de cuisine)[1].

1. *Radiations des aliments, ondes humaines et santé*, d'André Simoneton. Éd. Le Courrier du Livre, Paris.

Cela vous fournit une première liste. Par exemple, les artichauts vous conviennent mais pas les fraises, ou bien le gruyère mais pas le fromage de chèvre, etc. Vous pouvez ainsi éliminer tout de suite, au marché ou au restaurant, ce qui vous est néfaste.

Ensuite, précisez, à l'aide du pendule, et suivant les circonstances, ce qui est bon ou mauvais, ou indifférent.

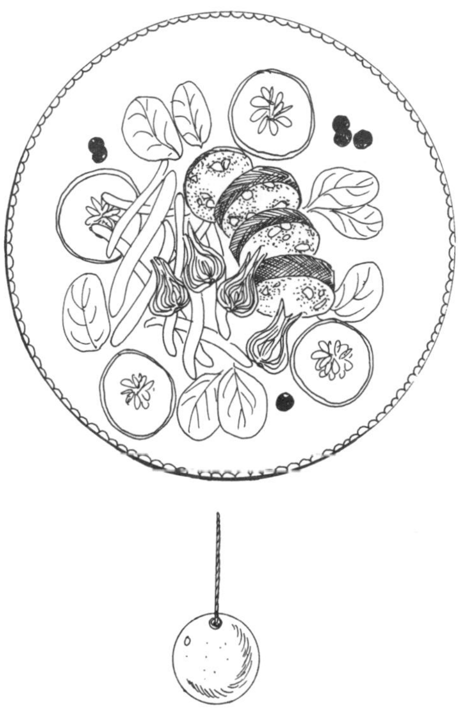

N'hésitez pas à passer le pendule
sur ce qui se présente dans votre assiette au restaurant...
mais il vaut mieux penduler le menu avant de commander !

Le pendule ne fait que traduire votre instinct profond, étouffé par la civilisation. Ne vous est-il jamais arrivé de vous dire : « Tel plat ne me tente pas », et de le manger tout de même pour faire plaisir à vos invités... Puis d'être terriblement malade ? La forme, la couleur, l'odeur du plat vous avaient averti. Le pendule vous aidera à développer cette intuition, cet instinct que normalement nous possédons tous. C'est l'« instinctothérapie ».

J'ai essayé bien des régimes alimentaires : mais ceux-ci sont établis abstraitement, sans tenir compte des besoins concrets de chaque personne... Je ne crois plus qu'aux régimes individualisés, comme ceux qu'avait prescrit Edgar Cayce[1]. Ils sont faciles à déterminer grâce au pendule.

« Que l'aliment soit ton médicament », disait Hippocrate. Il est certain que si nous nous nourrissions correctement, nous ne serions pas malades... et n'aurions besoin d'aucun médicament !

L'HYGIÈNE DE VIE

Les maladies ne proviennent pas seulement d'une alimentation défectueuse. Les vêtements, les bijoux, l'insalubrité de la maison peuvent être responsables de maladies graves.

Les vêtements toxiques

Je m'étais intéressée autrefois à un sujet très mal connu – et très peu à la mode, vu les graves questions qu'il soulève : les nuisances du vêtement occidental. Des recherches ont été faites sur les fibres synthétiques, prouvant qu'elles perturbent le champ électrique naturel de l'être vivant, contribuant à provoquer la plupart des « maladies de civilisation ».

Vous entendez d'ailleurs souvent les gens dire autour de vous : « Je ne supporte pas les chaussettes en nylon... » ou les chemises, etc. Les fibres synthétiques provoquent des allergies, des migraines, des déséquilibres que la médecine occidentale ne réussit pas à cerner. A Nice, le Dr Maschi a guéri un grand nombre de scléroses en plaques en prescrivant à ses malades de porter uniquement des fibres naturelles : coton, laine, soie, lin, cuir. Les fibres synthétiques provoqueraient une lente intoxication, avec de graves déséquilibres nerveux.

Comment savoir si un tissu est synthétique ou naturel ?

Parfois le mélange est si réussi qu'au toucher on ne le distingue pas de la « pure laine » ou de la « pure soie ». Votre pendule vous le dira tout de suite !

1. *L'Univers d'Edgar Cayce*, Tomes I, II, III. Éd. Robert Laffont.

Comment savoir si tel vêtement vous est nuisible ?

Passez le pendule dessus. Non seulement la matière du tissu peut être malsaine, mais également *les accessoires*. Par exemple, le pantalon est en « pure laine », mais sa doublure en synthétique. Le pull aussi, mais sa fermeture à glissière est faite d'un métal recouvert d'un vernis qui provoque chez vous des allergies (cas fréquent). La peau, à l'endroit où elle est en contact avec ce métal, rougit et boutonne...

La forme d'un vêtement peut être nocive (en particulier les chaussures, les slips trop serrés...). Les accessoires de caoutchouc, de nylon, etc., peuvent être toxiques. Préférez les fibres naturelles : on trouve actuellement des sous-vêtements en coton, en laine, en soie.

La couleur du vêtement peut être nuisible à certaines personnes. Posez très nettement la question au pendule : « Telle couleur me convient-elle ou non ? » On sait que la chromothérapie soigne par les couleurs, que certaines d'entre elles vous conviennent, soignent vos organes déficients (jaune pour le foie, violet pour les nerfs...) tandis que d'autres exercent une influence négative. Edgar Cayce avait déconseillé à une malade de porter une robe rouge qui aggravait son état. Lorsqu'elle se décida à jeter la robe, sa santé s'améliora. Les couleurs ont une influence énorme sur notre énergie vitale. A vous de trouver avec votre pendule la couleur qui vous convient.

Les bijoux

On y attachait autrefois beaucoup d'importance. Chaque pierre, chaque métal avait une influence, en accord avec certains tempéraments ou certains signes du Zodiaque, etc.

Ne croyez pas qu'il soit indifférent de porter un collier de jade ou un collier d'ambre (considérés comme très bénéfiques, l'un par les Chinois, l'autre par les Arabes). On sait maintenant que la matière est composée de corpuscules-ondes dont le niveau vibratoire détermine l'état. « Tout est vibrations », disait encore Edgar Cayce – ce que la Science confirme pleinement aujourd'hui. La couleur et la matière d'un bijou sont donc définies par des longueurs d'onde précises. La question est de savoir si celles-ci sont en accord avec vous-même... car un corps vivant comme le vôtre vibre également sur des longueurs d'onde très précises et spécifiques.

Comme le vêtement, le bijou exerce une influence par sa forme, par le métal qui le constitue et par la nature des pierres qu'il contient. Vos affinités avec telle ou telle pierre ne sont pas à négliger. Il faut considérer un bijou comme un outil thérapeutique, et pour cela le choisir à bon escient.

Bien sûr, vous le « sentez », ou pas. Pour certains d'entre nous, leur perception est si nette qu'ils peuvent parfaitement s'y fier. Pour d'autres, c'est plus flou, ils peuvent se tromper. Vous connaissez des gens qui mettent « d'instinct » la robe ou le veston qui ne leur convient pas : leur sensibilité n'est pas éveillée à ce point de vue ! Ils ne savent pas qu'un vêtement doit être en accord avec leur aura... Ils n'ont aucune idée de la couleur de celle-ci (et encore moins l'idée qu'on puisse avoir une aura !). Il en va de même pour le bijou, parfois encore plus « interactif » sur l'organisme qui le porte. Certains ou certaines se déguisent en vitrine de bijoutier et gênent les autres par leur mauvais goût voyant. D'autres ne portent qu'un seul bijou... qui suffit à démolir tout leur équilibre ! D'autres enfin pourraient au contraire se soigner en portant des perles, du jade ou de la cornaline... mais ils l'ignorent.

Car s'il existe des bijoux maléfiques (*cf.* les diamants célèbres, connus pour avoir porté malheur à leurs propriétaires), il en existe aussi de protecteurs. La fameuse bague, dite « atlante », qui reproduit le modèle d'une bague égyptienne ancienne trouvée dans le tombeau du pharaon Toutankhamon, appartiendrait à cette dernière catégorie. Howard Carter, découvreur de ce tombeau, attribuait à cette bague un pouvoir bénéfique : elle l'aurait protégé de la mort tragique ou anticipée qui avait frappé tous ses confrères archéologues.

La question est complexe : outre l'influence exercée par un bijou à travers sa couleur, sa matière, sa forme, il y a également la question des rémanences. Je veux parler des bijoux « hantés » auxquels semblent être attachées l'esprit de personnes disparues qui les ont portés.

De façon générale, il faut se méfier des bijoux anciens et des bijoux d'occasion : ils sont en général « chargés » de rémanence des personnes qui les ont portés. Passez votre pendule sur vos bijoux, avec les questions suivantes : « Ce collier, ce bracelet, est-il bon pour moi ? » Sinon, « Est-ce le métal qui ne me convient pas ? Ou la forme ? Ou la couleur ? Ou les souvenirs dont il est chargé ? »

On ne se méfie jamais assez des bijoux « ethniques », anciens ou modernes. S'ils sont anciens, ils peuvent avoir participé à des liturgies religieuses plus ou moins sympathiques (sacrifices humains par exemple). Certains peuvent avoir été portés par des personnes qui sont mortes de mort violente ; ou bien être imprégnés de vibrations de peur et de haine. Certains bijoux ornaient des statues qui ont été dérobées dans des temples : ce n'est pas une bonne référence (on s'explique ainsi la malchance qui poursuit les propriétaires de certains diamants de provenance indienne).

Les bijoux modernes ne sont pas non plus à l'abri des mauvaises vibrations. Il m'est arrivé, dans mes ateliers de radiesthésie du « Navire Argo », de passer le pendule sur cette sorte de bijoux. Certains déclenchaient une giration très négative. La raison en est simple : l'artisan qui a travaillé l'objet l'a fait de mauvais gré, imprégnant son travail d'ondes de ressentiment. Les motivations sont évidentes – et malheureusement fréquentes : l'artisan est sous-payé, et travaille dans la misère et le désespoir. Il est parfois même esclave.

Votre pendule vous dira tout de suite s'il exsude la joie ou la tristesse, l'amour du métier ou la haine de l'employeur. Si le pendule est vraiment très négatif, revendez vos bijoux... ou mieux, emportez votre pendule chez le bijoutier avant l'achat !

Applications pratiques de la radiesthésie

LA MAISON

Ce chapitre prolonge le précédent, mais, cette fois, nous allons étudier le bien-être général de la maison, la qualité de la vie quotidienne.

Les objets, les meubles dégagent eux aussi des ondes plus ou moins bonnes : il conviendra de les traiter comme nous l'avons vu avec les vêtements et les bijoux. Il m'est arrivé par exemple d'hériter des meubles d'une vieille personne extrêmement malveillante. Notre radiesthésiste nous a mis en garde : « Ne les conservez pas chez vous, nous a-t-il recommandé, la méchanceté de la personne qui a vécu dedans risque de contaminer votre maison ! » Certes, un meuble ancien a plus de charme qu'un meuble neuf : il a des lignes plus douces, une « patine ». Mais je ne vais jamais au marché aux Puces ou chez l'antiquaire sans mon pendule, qui m'évite de mauvais achats.

Certaines histoires très étranges ont été racontées à propos de tableaux anciens hantés. Dans certains cas, l'ancêtre sort du tableau la nuit pour aller se promener, ou bien il se met à tourner la tête, sourit, parle, etc. Il y a même le cas, connu aux États-Unis, du tableau d'ancêtre qui a perdu ses couleurs du jour au lendemain, pour se retrouver en noir et blanc – à la stupéfaction de la famille !

Bien ennuyeux d'avoir cela chez soi : si c'est l'un de vos ancêtres, rien ne vous empêche de prier pour lui. Mais s'il s'agit d'un tableau d'antiquaire, est-ce bien indispensable de l'acheter ? Avant de vous installer, testez donc le mobilier, la décoration.

Je me souviens d'une jeune femme qui habitait une aile d'un très vieux château en province. Ses enfants dormaient dans une pièce ornée de portraits anciens, dont l'un représentait un officier de marine en costume du XIXe siècle. Chaque soir, c'était la même comédie : les enfants se relevaient tous les quarts d'heure, prétextant l'envie de faire pipi, la soif, les bruits, le grand méchant loup caché derrière les rideaux, que sais-je... Un radiesthésiste, ami de la jeune mère, visite un jour cette chambre d'enfants... et sort son pendule pour explorer le mobilier, posant mentalement la question : « Qu'est-ce qui ne va pas dans cette chambre ? Qu'est-ce qui empêche les enfants de dormir ? » Sous le portrait de l'officier, le pendule s'agite frénétiquement... et positivement.

La jeune femme décide alors de coucher ses enfants dans une autre pièce. Miracle ! les voilà qui s'endorment sans histoires, en dix minutes. Quant au portrait... les recherches entreprises démontrèrent qu'il s'agissait d'un personnage qui s'était suicidé, après une vie orageuse... (Les enfants avaient dit, d'ailleurs : « Celui-là est vilain, on ne l'aime pas ! »)

Cette anecdote peut mieux faire comprendre comment le pendule détecte des influences subtiles qui, pour être peu connues, n'en sont pas moins réelles.

Autre histoire : Marie-Thérèse, grand reporter, avait rapporté de ses voyages une collection de statues anciennes de tous les archipels du Pacifique. Elle me fait visiter son appartement : « Qu'est-ce que tu penses de ce tiki de Moorea ? Et de cette statue des Touamotou ? Et de ce poignard rituel des Samoa ? » etc. J'admire comme il convient.

Plus tard, elle me dit : « C'est terrible, j'ai des insomnies toutes les nuits quand je suis à Paris. En voyage, cela va mieux. » L'idée me vient immédiatement que les tikis grimaçants y sont pour quelque chose. « Puis-je passer le pendule devant tes statuettes ? » « Mais oui, pourquoi ? » Je me concentre, je noue un cheveu long sur une bague et nous voilà parties pour le tour de la maison...

Eh bien, c'était désastreux ! Aux questions : « Cette statue est-elle maléfique ? Dégage-t-elle de mauvaises ondes ? Empêche-t-elle de dormir ? » la réponse fut presque partout OUI (sauf devant une exquise petite icône ancienne).

« Je crois que tu devrais revendre tes statues à un musée... et peut-être même en brûler quelques-unes. Tu retrouverais le sommeil ! » Ainsi fut fait et Marie-Thérèse, sa collection vendue, dort enfin sur ses deux oreilles.

Les maisons hantées

Il s'agit de phénomènes très fréquents – qui dépassent bien souvent le cadre de la radiesthésie. Si quelqu'un se plaint d'entendre des bruits étranges, des coups frappés la nuit, de constater que les lampes s'allument et s'éteignent toutes seules, que des taches de sang apparaissent sur le plancher, etc., ce n'est pas le radiesthésiste qui pourra mettre fin à ces phénomènes dérangeants. Il faut plutôt dans ces cas-là voir un prêtre, un bon médium ou un exorciste qualifié.

Cependant, la radiesthésie peut aider. J'avais été consultée à une époque pour faire des recherches dans le célèbre château de Fénelon, en Dordogne. Rien que sur la photo, on pouvait compter les fantômes avec le pendule : celui-ci s'était mis à tourner positivement sur la vingtaine. Lorsque nous fûmes sur les lieux, les manifestations terrifiantes se multiplièrent : bruits de pas qui nous suivaient dans le grand salon vide (s'arrêtant quelques secondes après nous... on les entendait donc très distinctement !), bruits de conversation dans les pièces désertes que nous venions de traverser. On se retournait, on ouvrait la porte – personne ! – et le bruit de conversation s'éteignait. Aussitôt la porte refermée, les conversations recommençaient...

J'avais été appelée en même temps que deux radiesthésistes suisses qui avaient mis au point une méthode pour libérer les lieux des présences dérangeantes. Il s'agit (selon toutes les traditions) d'âmes en difficulté que l'on peut aider ; ce qui aide aussi les habitants vivants de la maison à y être plus tranquilles !

Voici comment procédaient ces radiesthésistes suisses : après avoir fait allumer un grand feu dans la cheminée du salon, ils préparaient une cuvette d'eau pour chacun. Les questions étaient posées tout haut aux entités invisibles, chaque radiesthésiste tenant le pendule au-dessus de l'eau pour décharger la pression des ondes nocives. Aux questions : « Qui êtes-vous ? Homme ou femme, enfant ou animal ? Que désirez-vous ? Depuis quand êtes-vous attaché(e) à cette maison ? », il y eut une réponse extérieure : le feu se mit à crépiter avec une violence inexplicable. Il en sortait des fumées, des odeurs, des couleurs bizarres. Réponse intérieure sous forme de clichés, de mots... Bien sûr, cela peut paraître très subjectif, mais ce qui est étonnant, c'est la convergence : nous « ressentions », « entendions », « voyions » tous la même chose.

Le pendule aidant à préciser la réponse « oui » ou « non », ces questions permirent au dialogue de s'établir peu à peu.

La troisième étape était une sorte de liturgie : encouragement à ces âmes, prières pour les aider à se dégager des vieux murs moisis où elles s'étaient piégées, etc.

Certains trouveront que cet exemple représente une dérive vers l'irrationnel (après tout, pas plus que les prières liturgiques des églises chrétiennes pour les morts !). Ceci pour montrer que le pendule peut s'appliquer à tout...

La géobiologie

Toute une science, la géobiologie, s'occupe de trouver pourquoi telle maison est malsaine, pourquoi les gens et le bétail y sont malades. De très intéressants travaux ont été menés à ce sujet.

Roger de Lafforest parle des « maisons à cancer » où chaque génération d'occupants est atteinte l'une après l'autre.

L'existence de ces ondes nocives peut être détectée au pendule, ou à la baguette de sourcier, car il s'agit très souvent de courants d'eau souterrains qui rendent les lieux insalubres (soit par leur humidité, soit par le contenu chimique des eaux). Comme on connaît encore très mal ces phénomènes, il n'est pas facile de formuler un diagnostic. Il ne s'agit pas seulement d'eaux souterraines, mais également d'ondes émises par le sol : ce sont des phénomènes du magnétisme tellurique que l'on commence seulement à étudier. Pourtant, autrefois, dans les campagnes, on ne construisait jamais une maison sans faire venir le sourcier, qui indiquait si l'endroit choisi était bon. Au XIXe et au XXe siècle, on a construit des maisons n'importe où !... La santé des habitants en a pâti : rhumatismes, insomnies, migraines, scléroses en plaques, dépressions nerveuses, cancers, etc. Pour éviter ces déboires, achetez votre maison « pendule en main » !

On appelle aujourd'hui *géobiologie* l'ensemble des techniques qui permettent d'expertiser la qualité d'une maison, de voir si elle est saine ou non. Pour évaluer la pollution électrique, pour déceler la présence d'entités, ou pour mesurer le trajet des eaux et des ondes nocives, la plupart des géobiologistes utilisent les vieux outils qui ont fait leurs preuves : baguette et pendule. Toutes les baguettes, les plus compliquées soient-elles, dérivent des formes simples que nous avons données au début de ce livre. Et ce ne sont pas les plus sophistiquées qui marchent le mieux... Quant au pendule, ne vous laissez jamais impressionner par les modèles chers et compliqués :

les plus grands experts en géobiologie continuent d'utiliser un pendule tout simple, et les baguettes décrites plus haut.

C'est ce que fait mon ami Louis Viel, qui pratique la géobiologie depuis vingt ans. « Lorsque j'arrive pour la première fois dans un endroit, me dit-il, je commence par sortir ma baguette de sourcier traditionnelle (en métal et en forme de V), et je fais le tour des lieux. Cela me donne un peu le profil de la maison et du terrain.

« Ensuite, je prends mon pendule et l'échelle de Bovis, pour délimiter, s'il y a lieu, la zone perturbée et évaluer son importance. S'il y a une faille (sèche ou humide, c'est-à-dire correspondant à un courant d'eau souterrain), j'emploie les baguettes en V, que nous appelons « radmaster ». Cela me donne exactement la direction et la largeur de cette faille, ou de ce courant d'eau. Pour préciser sa profondeur exacte (au mètre près, bien sûr), son débit et la nature de l'eau, je pose les questions à mon pendule.

« Enfin, ayant déterminé le passage des courants d'eau, je termine l'expertise des lieux avec le « lobantenne » de Hartmann. Celui-ci me sert à repérer exactement les mailles du réseau Hartmann et du réseau diagonal. »

Mes lecteurs ignorent peut-être ce dont il s'agit. Le docteur Hartmann, scientifique et chercheur allemand qui a fondé à Heidelberg un institut qui porte son nom, a identifié un réseau de lignes qui parcourent la Terre.

Normalement, ces lignes telluriques quadrillent le sol de notre planète en formant des « mailles » rectangulaires de 2,50 m sur 2,10 m. Au voisinage d'un cours d'eau souterrain, les mailles se resserrent et s'aplatissent. Lorsqu'on veut mesurer, avec l'échelle de Bovis, les radiations au point de croisement, on trouve des valeurs assez basses (2 000 Å environ). Ces points de croisement sont donc caractérisés par une énergie radiante plus basse qu'alentour.

Un deuxième réseau a été identifié, souvent appelé le « réseau diagonal ». Il a des mailles plus larges, rectangulaires, de l'ordre de 7 mètres de côté (mais les avis divergent selon les spécialistes). Une chose est certaine : ce réseau croise en diagonale le réseau Hartmann, bien identifié, lui, depuis longtemps (voir dessin page 72).

Lorsqu'à un nœud du réseau Hartmann se superpose un nœud du réseau diagonal, on a des valeurs particulièrement basses sur l'échelle de Bovis (moins de 1 000 Å). C'est là le danger : si l'on établit son lit sur ce point, la déperdition d'énergie est si grande que la santé s'altère profondément.

GÉOBIOLOGIE

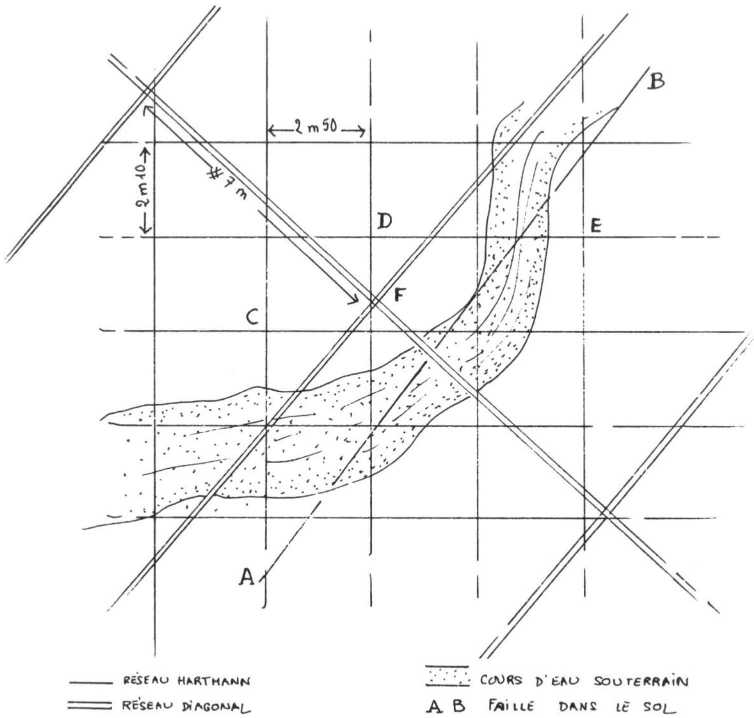

La terre est quadrillée par deux réseaux détectés à la baguette et au pendule : le réseau Hartmann et le réseau diagonal (encore mal connu). Au croisement de deux lignes de force (C, D, E, F, etc.), le « lobantenne » se met à osciller, les baguettes du « radmaster » se chevauchent et l'extrémité de la baguette traditionnelle de sourcier se redresse. Même réaction en passant au-dessus du cours d'eau souterrain.

Sur ces nœuds sont situées les fameuses « maisons à cancer » dont parle R. de Lafforest[1] et le docteur Hartmann. « La géobiologie a essentiellement pour but, dit Louis Viel, de protéger les habitants contre les nocivités locales. Les principales sont dues à l'existence de courants d'eau souterrains sous le domicile, courants souvent pollués soit par la chimie, soit par les retours de courant électrique des lignes triphasées qui utilisent la terre comme fil neutre. Ces courants d'eau émettent des radiations extrêmement nocives qui ren-

1. R. de Lafforest, *Ces maisons qui tuent*, Éd. Robert Laffont et *Radiations des aliments, ondes humaines et santé*, André Simoneton, Éd. Le Courrier du Livre.

VOTRE LIT EST-IL SITUÉ SUR UN « NŒUD » DU RÉSEAU HARTMANN ?

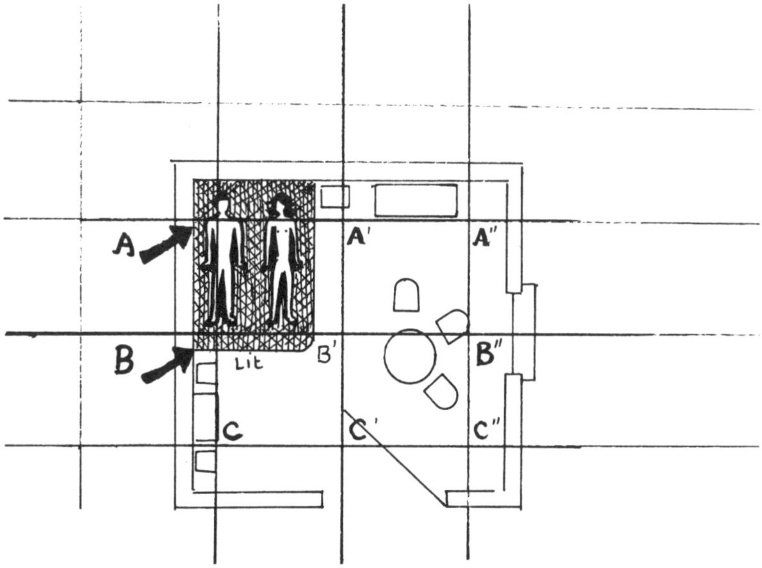

Au croisement des mailles du réseau Hartmann (A, A', A'', B, B', B'' et C, C', C''), le niveau vibratoire est bas (mesuré au biomètre de Bovis). Le personnage masculin, qui dort sur le nœud A, risque de développer une pathologie de l'épaule.

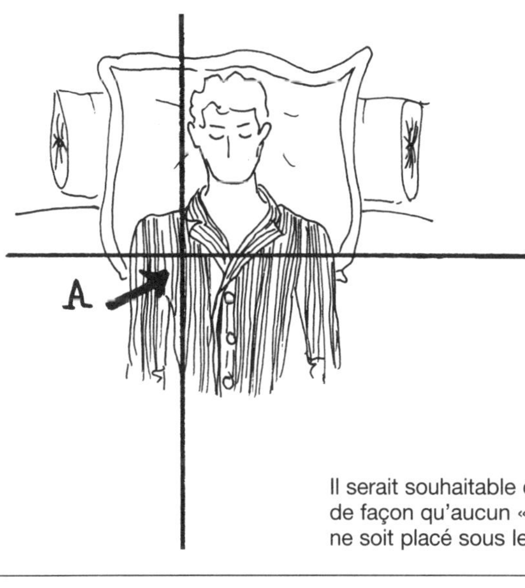

Il serait souhaitable de déplacer le lit de façon qu'aucun « nœud Hartmann » ne soit placé sous le corps du dormeur.

dent malades les habitants. On les détecte très bien à la baguette.

« Par ailleurs, il existe également ce que j'ai appelé la "pollution électrique". Beaucoup d'installations électriques dans les maisons rayonnent le "50 périodes alternatif", retransmis par les masses métalliques (matelas à ressorts, lits métalliques, appareils électroménagers, cloisons en placoplâtre qui se comportent elles aussi comme des objets métalliques... c'est-à-dire comme des antennes, etc.). Ce rayonnement électrique, très nocif dans les maisons, peut se détecter au pendule, bien sûr, mais il est plus évident avec un détecteur spécialisé – détecteur sonore qui siffle dès qu'il entre dans une zone de fuite électrique. »

De telles fuites sont très néfastes à la santé. C'est le rôle du géobiologiste de les détecter pour y remédier. C'est ainsi qu'il faut non seulement vérifier toute l'installation électrique de la maison (prises, fils, interrupteurs, appareils électroménagers, lampes de chevet, etc.), mais vérifier aussi, s'il y a lieu, l'impact du rayonnement électrique produit aux étages inférieurs et supérieurs. Il ne suffit pas de vérifier que vous ne dormez pas sur un fil électrique, que votre tête de lit ne s'appuie pas sur une prise de courant qui « fuit ». Il faut également s'assurer que votre lit n'est pas à la verticale du réfrigérateur de la dame au-dessus, ou du poste de télévision de la concierge du rez-de-chaussée... C'est là bien sûr que les choses se compliquent. On découvre alors que les appartements empilés démolissent le système nerveux de leurs habitants – et plus sûrement encore quand les appartements sont des cages en béton : celui-ci, faisant « caisse de résonance », amplifie toutes les ondes nocives.

Un cas particulièrement inquiétant est la proximité des lignes à haute tension et des transformateurs électriques. Prenons un exemple : Mme Z., femme au foyer (46 ans), se plaint de pertes de mémoire, de faiblesse générale, d'insomnie. Elle n'a pas la force de se tenir debout pour repasser son linge ou passer son aspirateur. Elle consulte le médecin, qui ne trouve pas grand-chose et la taxe de malade imaginaire. Pourtant, dès qu'elle va dormir ailleurs, elle ressuscite littéralement, retrouve toute son énergie – et sa mémoire.

Mlle F. (50 ans), employée de bureau, souffre elle aussi de symptômes inexplicables : migraines, crampes, insomnies rebelles. Dès qu'elle ne dort plus chez elle, tout s'améliore !

Ces deux malades ont tout essayé, sans succès, jusqu'au jour où elles sont tombées sur un médecin qui a pensé à les interroger sur leur domicile. Et là, on s'est aperçu qu'elles habitaient toutes les deux au voisinage d'une ligne à haute tension...

Il existe un village dans la banlieue parisienne, Champlan, dont l'espace aérien est entièrement quadrillé par des faisceaux de lignes à haute tension soutenues par d'immenses pylônes. Lorsque l'on passe dessous, on entend continuellement un bruit de papier froissé. Les habitants ne peuvent plus y dormir sans somnifère. Les médecins locaux ont remarqué que tous leurs patients se plaignent de dépression, d'insomnie, de spasmophilie, de troubles de la mémoire, de douleurs de dos... Ils se sont donc regroupés en association pour demander à l'EDF de déménager ses pylônes.

Les cas semblables se sont multipliés un peu partout dans le monde, si bien que la Science a fini par s'en inquiéter.

« Un courant d'opinion se développe aujourd'hui, surtout en Grande-Bretagne et aux États-Unis, pour accuser les ondes électriques et électromagnétiques émises par les lignes de transport d'énergie à très haute tension (THT). Dès 1972, des chercheurs soviétiques observèrent des troubles psychologiques et physiologiques : céphalées, insomnies, stress, irritabilité, troubles cardio-vasculaires, troubles digestifs, anomalies de la thermorégulation[1]. »

En France, le professeur Le Ruz à Rennes, le professeur Santini à Lyon, le professeur Danze en Belgique mènent des recherches sur ce sujet préoccupant.

Les géobiologistes actuels s'inquiètent beaucoup de ce type de pollution : elle serait beaucoup plus néfaste encore que la pollution électrique domestique dégagée par nos appareils électroménagers (tels les fours à micro-ondes). D'où l'importance d'analyser l'environnement avant tout achat de maison ou d'appartement, pendule ou baguette en main (nous y reviendrons plus loin).

Pour en revenir à l'expertise de la maison elle-même, terminons ce chapitre par une recommandation essentielle : l'utilisation du pendule ne vous dispense pas d'utiliser aussi vos yeux... et le bon sens. Lorsque vous repérez, dans une maison, une zone où les murs sont verdâtres, une odeur de moisi et d'humidité, cela vous indique que la zone est malsaine parce qu'un courant d'eau souterrain passe dessous. Lorsque vous observez certains arbres qui dépérissent dans une haie, vous savez alors qu'ils sont plantés sur un « nœud »,

1. Article très intéressant sur les effets biologiques des rayonnements non ionisants, dans le mensuel *Thérapeutiques naturelles*, janvier 1992 (SARL Presses de la Vallée, 7, rue Larrey, 31000 Toulouse). Lire aussi *La Pollution électromagnétique et la santé*, Éditions Frison-Roche, août 1994, ainsi que le compte rendu de cet ouvrage dans le magazine *Minute,* du 23 août 1995.

au croisement des lignes telluriques du « réseau Hartmann » qui quadrille le sol. Il faut aussi observer les animaux : bien regarder où le chien et le chat aiment dormir ; laissez-les choisir leur place.

LA MAISON QUE VOUS VOULEZ ACHETER (OU LOUER)

Comment la choisir ?

Vous pouvez déjà éclaircir de nombreuses questions sur plan. Il sera utile de disposer non seulement du plan du logement lui-même (maison ou appartement) mais, comme nous l'avons dit ci-dessus, du plan cadastral, du plan du quartier, du plan de la ville – ceci, afin de repérer les lignes à haute tension dont nous avons parlé. Les courants d'eau souterrains peuvent également être décelés sur le plan de l'agglomération avec le pendule. Quant au logement proprement dit, à la première visite, parcourez chaque pièce avec votre pendule. Tant pis si le propriétaire fait une drôle de tête !

Promenez lentement et soigneusement le pendule sur chaque mètre carré de votre future habitation en vous concentrant sur la question : « Ici, les ondes sont-elles bonnes ? » « Une nappe d'eau souterraine, un courant existent-ils sous cette maison ? »

Quand vous travaillez sur plan :

– Ayez *un témoin* (photo ou plan de la maison que vous vous proposez d'acheter). Passez le pendule sur la photo de la maison, et sur toute la surface du plan, pièce par pièce.

– Si vous voulez avoir des indications précises, utilisez *le rapporteur*. Posez-le sur le plan pour mesurer ce que vous cherchez à savoir. Exemple de question : « Le toit est-il en parfait état ? » « NON », répond le pendule. Ainsi, sur le plan et la photo vous mesurez la surface suspecte, et c'est plus facile avec la règle graduée du rapporteur. Passez le pendule sur chaque centimètre ou millimètre de toiture. Réponse : « Sur l'aile droite du bâtiment, le toit est à refaire sur une longueur de 5 mètres et sur 10 mètres de haut » (soit 5 x 10 = environ 50 m^2 de toiture à refaire !).

– Dans toute affaire, travaillez sur :

• *la carte de visite* de l'entreprise, de l'agent immobilier, du propriétaire ou du notaire...

• *chacun des documents* qui vous sont soumis (certificats d'experts, promesse de vente, chèque avec nom et signature).

Le contrat (d'achat ou de location)

Passez votre cher et indispensable pendule au-dessus de chaque page, en posant la question : « Ce contrat cache-t-il un piège juridique ? » « Le vendeur est-il de bonne foi ? » Quand on sait les traquenards que peuvent receler un vendeur tout gentil, tout rond et un contrat truffé de mots techniques incompréhensibles... il vaut mieux, avant de signer, appeler son pendule à la rescousse. Ainsi vous éviterez d'acheter une grange croulante (malgré de brillants certificats d'experts) ou un magasin frappé d'alignement !

Le pendule vous indiquera s'il y a une source dans la cave... Il vous indiquera aussi si la maison est proche d'une ligne de haute tension ou autre voisinage polluant.

Avant d'acheter ou de louer la maison, étalez devant vous ces documents et passez le pendule en vous concentrant sur la question : « Est-ce honnête ? Puis-je faire confiance ? Est-ce une bonne affaire ? »

La signature officielle

L'affaire peut être bonne... mais pas le moment (affaire de saison, de conjoncture économique, etc.).

Prenez un calendrier des Postes (ou n'importe quel calendrier). Prenez une feuille de papier blanc et des ciseaux fins. Évidez dans la page une petite fenêtre qui permet de lire un jour seulement à la fois. Passez le pendule sur les dates choisies, avec la question mentale : « Ai-je avantage à signer le contrat définitif tel jour ? » Voyez la réponse du pendule. Peut-être vous dira-t-il « NON ». Alors, retardez l'affaire : il est peut-être bon que vous attendiez un peu, ce qui fera baisser le prix, ou bien vous donnera davantage d'informations.

L'heure du contrat n'est pas indifférente non plus. Prenez un vieux réveil, une vieille montre, mettez-les à l'heure choisie, et posez la question : « Ce rendez-vous à 14 heures, est-ce bon ? » Et voyez... (vous n'avez pas besoin de faire le tour de l'horloge, il n'y a guère que huit heures ouvrables !...)

La somme à payer peut également s'apprécier au pendule. Écrivez les deux chiffres extrêmes sur un papier. Par exemple, « pas plus de trente mille francs », ou « pas moins de quinze mille francs » et passez le pendule chaque fois sur le chiffre écrit en posant la question : « Est-ce le juste prix ? » « Est-ce que je pourrai vendre (ou acheter) cette maison plus cher (ou meilleur marché) ? » etc.

Si vous avez l'intention de monter un élevage dans les bâtiments qu'on voudrait vous vendre, voyez le chapitre suivant, concernant les animaux.

AMÉNAGER VOTRE MAISON

Voilà le contrat signé. Il vous faut maintenant aménager cette maison (ou cet appartement), prévoir des travaux, des mesures d'assainissement, l'architecture intérieure, la peinture et la tapisserie des murs... Ne lâchez pas votre pendule !

Les devis de travaux : même opération que précédemment sur les devis de l'entrepreneur, si des travaux sont nécessaires.

L'aménagement intérieur : dans l'aménagement du plan des murs, il y a de bonnes et de mauvaises combinaisons... détectables au pendule et à la baguette.

Un exemple peu connu : les plafonds en coupole (construction ancienne, en pays méditerranéens surtout) exercent une influence très négative sur l'être vivant placé juste en dessous, à la verticale du point le plus haut de la coupole.

Passez le pendule dans toute la maison pour voir dans quelle pièce il est préférable de mettre les lits, et comment les orienter (nord-sud ou est-ouest). Notez sur le plan les endroits où le pendule répond positivement à la question : « Est-ce une pièce ou un coin salubre ? »

En cas de réponse négative du pendule, posez au sol et sur les murs des repères pour délimiter la surface négative. Parfois, ces courants nocifs n'existent que sur quelques mètres ; il suffit de déplacer le lit contre un autre mur de la pièce pour que l'habitant retrouve sa santé (voir la bibliographie des livres des spécialistes de la question : J. de la Foye, R. de Lafforest, J. Pagot, etc.). Nous avons parlé de cette question au chapitre précédent.

Étudiez *le circuit électrique* au pendule... et voyez si vous pouvez faire mettre une prise de terre : il faut pouvoir débrancher tout le circuit électrique de la pièce en s'endormant.

L'eau du robinet : est-elle potable ? Ou polluée par des déchets, des infiltrations ?

Les parasites : rats, souris, termites, cafards, fourmis, moustiques, champignons ? (Les trajets des fourmis indiquent la direction de certaines ondes telluriques.)

Lorsque vous avez soigneusement inventorié au pendule les avantages et les inconvénients détaillés de cette maison (qui est tout de même une bonne affaire !), passez à l'aménagement intérieur : mobilier, décoration, appareils ménagers, plantes... Utilisez votre pendule pour vérifier :

– que les meubles sont placés harmonieusement (cas d'une armoire placée en coin développant des ondes nocives) ;

– que vos objets en eux-mêmes ne dégagent pas d'ondes malsaines par leur forme et leur couleur (les objets anciens par leur charge culturelle ou affective) ;

– que la couleur choisie pour les papiers peints, les rideaux, les tapis, le mobilier convient bien à l'usage de chaque pièce.

Par exemple, le rouge n'est pas indiqué pour une chambre à coucher, en particulier pour celle d'un jeune enfant. Si vous voulez qu'il dorme bien, tapissez sa chambre de bleu pâle et d'un camaïeu de vert doux... il se calmera très vite le soir !

LES ANIMAUX

LA RADIESTHÉSIE VÉTÉRINAIRE

Tout ce qui a été dit plus haut, au chapitre « Radiesthésie médicale », est applicable également à la médecine vétérinaire.

Deux cas peuvent se présenter :

– Ou bien vous-même, cher lecteur, êtes un spécialiste de cette question : vous connaissez les maladies des animaux, et votre pendule vous aidera à formuler un diagnostic d'autant plus précis que vous êtes compétent. Il vous aidera à choisir, parmi les médicaments que vous prescrivez habituellement, celui qui convient. Dans ce cas, vous procédez comme il est indiqué plus haut.

– Ou bien vous n'êtes pas vétérinaire. Votre animal de compagnie est malade, et vous ignorez ce qu'il a. Ou encore, vous êtes éleveur ; vous avez donc une certaine expérience des animaux, mais sans avoir cependant toute la compétence d'un homme de l'art dont la pathologie animale est le métier.

Le pendule, dans ce cas, vous dépannera en urgence, vous aidant à prendre les mesures immédiates nécessaires en attendant le vétérinaire (et parfois si efficacement que vous n'avez même plus besoin de l'appeler !).

RECHERCHE DU DIAGNOSTIC

Les animaux ont comme nous un système cardiaque, un système digestif, un système génito-urinaire, un système nerveux, des os, des muscles (du moins pour les mammifères supérieurs et les oiseaux, les poissons, les reptiles et batraciens). Mais ces systèmes se présentent autrement que chez nous. Aussi les symptômes de maladies animales sont-ils différents, et de surcroît variables selon les espèces.

Ne tentez pas, si vous n'avez pas une formation médicale vétérinaire, d'établir un diagnostic précis. Contentez-vous d'une approximation !

Mettez l'animal devant vous et passez le pendule au-dessus de lui, en posant la question : « Souffre-t-il de telle partie du corps ? » Vous posez votre main gauche sur la partie du corps en question, tandis que vous tenez le pendule de la main droite. Cette exploration sommaire vous permettra peut-être de découvrir une plaie cachée, un abcès, une lésion qui n'étaient pas visibles au premier coup d'œil.

Sans vouloir faire de diagnostic précis sur les causes du mal, vous pouvez au moins poser les questions suivantes :

Pour le chat :

– Est-ce une bronchite (ou seulement un rhume) ?

– Est-il constipé (ou a-t-il la diarrhée) ? Par suite d'une erreur alimentaire ? D'une intoxication ?

– A-t-il des parasites ? Internes ? Externes ?

– A-t-il mal aux reins ? Au foie ?

– Est-il perturbé nerveusement ?

– Est-il empoisonné ? Par un pesticide, un herbicide, etc. ? (Les chats y sont particulièrement sensibles, en particulier à travers les oiseaux ou les rongeurs qu'ils consomment.)

– A-t-il des rhumatismes ?

Pour le chien :

Même liste de maladies, mais le chien a plus souvent :

– fatigue cardiaque ;

– maladie de Carré (jeunes chiens) ;

– vers intestinaux ;

– problèmes de la peau (parasites externes, dermatoses, eczéma...).

Le pendule indiquera *grosso modo* de quelle affection il s'agit, ou quel organe est en cause.

RADIESTHÉSIE VÉTÉRINAIRE

Chats, chiens et tous les animaux domestiques « répondent » très bien au pendule, qui facilite immédiatement le diagnostic, ainsi que la prescription.

Vous pourriez vous aider du livre intitulé *Secrets et Vertus des plantes médicinales* (Sélection du *Reader's Digest*), excellent dictionnaire de phytothérapie, bibliothèque à lui seul, et dans lequel sont indiquées les principales affections animales, et comment y remédier par les plantes. S'il s'agit d'un chien ou d'un chat, ayez toujours à portée de la main le *Dictionnaire des médecines douces pour chiens et chats*, du Dr Jacqueline Peker, courageuse pionnière de l'homéopathie et de l'ostéopathie vétérinaires qui a écrit également *Soignez votre chien par les médecines naturelles*, respectivement aux Éditions du Rocher et aux Éditions Stock.

RECHERCHE DU REMÈDE AU PENDULE

Bien entendu, on peut soigner les animaux autrement que par les plantes, mais le lecteur connaît peut-être ma préférence pour les médecines douces. Si vous n'êtes pas vétérinaire, essayez de trouver une herbe ou un remède de grand-mère qui ait fait ses preuves. Vous serez souvent surpris de son efficacité.

Prenez le remède dans une main (ou son témoin, c'est-à-dire emballage, étiquette, échantillon, photo...), et passez le pendule au-dessus, tandis que votre main gauche reste en contact avec le corps de l'animal malade. Voici quelques exemples de remèdes usuels et efficaces :

L'argile verte (diluée dans l'eau de boisson, ou appliquée en cataplasme sur la peau). C'est l'un des remèdes de base du monde animal, remède que les bêtes sauvages s'appliquent spontanément lorsqu'elles sont malades (bains d'eau argileuse, bains de boue ou de poussière, etc.). L'argile cicatrise plaies et brûlures, accélère la guérison des traumatismes ; c'est un désinfectant interne et externe, un reminéralisant, un antiparasite. En cas de diarrhée ou de fièvre, donnez à boire de l'eau additionnée d'une cuillerée à soupe d'argile à l'animal. Lisez tout haut les lignes ci-dessus, en vous arrêtant à chaque éventualité, pour interroger le pendule. Ainsi, il vous indiquera comment employer cette argile, et éventuellement à quel dosage. Par exemple, pour une cuillerée à soupe, posez la question : « Est-ce la quantité convenable ? »

Voyez aussi les plantes médicinales que vous avez sous la main, dans votre *cuisine*. Elles sont utilisées depuis des siècles en médecine vétérinaire quotidienne : le *chou* (pansements, traumatismes, rhumatismes), le *thym* (bronchites, rhumes), la *lavande* (parasites), le *romarin* (rhumatismes). Ces quatre plantes sont une pharmacie à elles seules. Ce sont de puissants antibiotiques naturels. Ajoutons aussi l'*ail* et l'*oignon*, aux multiples propriétés antiparasites, désinfectantes et diurétiques.

Passez votre pendule au-dessus de chacune, pour savoir :

– Laquelle choisir ?

– Et sous quelle forme pratique l'utiliser (voie interne, mêlée à l'eau de boisson ou aux aliments, ou voie externe, en cataplasme, lotions, pansements, etc.) ?

– En tisane (infusion ou décoction) ? En lotion ? En huile essentielle ?

Dans le *Guide de l'anticonsommateur*[1] sont indiquées toute une série de plantes antiparasites, à utiliser sous toutes les formes possibles (y compris en litière pour les animaux). Ils vous suffit de passer le pendule au-dessus de l'image représentant la plante... tout en gardant une main posée sur l'animal.

La *médecine vétérinaire homéopathique* très intéressante, parce que bien acceptée par les animaux et sans danger, peut se combiner avec l'usage du pendule.

Notre braque, Djadoun-aux-yeux-d'or, dit « Bleu d'Auvergne » à cause de son pelage blanc moucheté de gris, se grattait sans arrêt. Toutes les cinq minutes, il se léchait, se mordillait tout ce qu'il pouvait atteindre avec les dents, semblait nerveux et mal à l'aise. Certaines parties de son corps perdaient leurs poils à force d'être grattées.

Nous avons d'abord pensé aux puces. A grand renfort d'huile essentielle de lavande, de bain, de shampooing, nous avons éliminé ces parasites. Mais le chien se grattait toujours.

« Il a peut-être de l'urticaire », dit la pharmacienne. Elle va chercher quelques tubes de granules homéopathiques, prend son pendule et le passe dessus. « Essayez donc Apis mellifera 4 CH, 2 granules, 2 fois par jour. »

Le chien, en général méfiant, consentit à avaler ses granules, et, au bout de quelques jours de traitement, son état s'améliora. Plus tard, une recherche au pendule montra que l'alimentation du chien était défectueuse : trop de boîtes de conserve ! En éliminant cellesci, le chien guérit.

LES ANIMAUX CONNAISSENT D'INSTINCT LES ONDES TELLURIQUES

Par exemple, si vous attachez un chien et qu'il est malade, qu'il boite, qu'il a des rhumatismes... demandez-vous si la cage ou la niche que vous avez choisie pour lui n'est pas, justement, sur une zone d'ondes telluriques néfastes. Les chiens les fuient et savent très bien où elles sont ! Si vous voulez avoir des animaux domestiques en bonne santé, observez l'endroit où ils vont se coucher spontanément. Déplacez la niche, le panier ou le coussin, et vérifiez au pendule que l'endroit est bon.

1. Éditions Robert Laffont/Seghers, et Livre de poche.

Même démarche, en principe, pour les étables, les écuries, les cages à lapins, les basses-cours... Ce serait plus efficace et moins cher de passer le pendule *avant* l'installation des animaux...

Lorsqu'une cage à lapins est établie sur l'une de ces zones pathogènes, les malheureux animaux perdent leurs poils, s'anémient, font des cancers... comme les humains !

Le docteur vétérinaire Quinquandon raconte[1] que les poules sont très sensibles à ces courants telluriques ; et lorsque les poulaillers sont bâtis sur ces zones malsaines, la volaille est parfois atteinte de leucémie. Il cite le cas d'un élevage suisse comprenant quatre bâtiments de 4 000 poules (beaucoup trop pour être sain !). Dans l'un de ces bâtiments, les poulets étaient toujours chétifs ; après étude du terrain, on découvrit que le bâtiment avait été construit sur un cours d'eau souterrain.

... « Les Romains, dit encore le Dr Quinquandon, pas fous, faisaient paître des moutons pendant un an sur le terrain où ils envisageaient de construire une ville nouvelle. Au bout d'un an, on abattait les bêtes et on examinait leur foie... Et la ville n'était construite que si celui-ci paraissait sain... »

La géobiologie fut donc, pendant des siècles, le domaine des sourciers, ancêtres des radiesthésistes actuels. Aujourd'hui, le pendule, réagissant selon l'intuition de celui qui le manie, peut apporter tous les renseignements nécessaires à la santé des animaux et des hommes.

Posez-lui des questions simples, en délimitant bien le périmètre concerné (pré, champ, bâtiment, etc.). « Cette étable est-elle saine ? » « Dois-je construire ici un poulailler ? » etc.

Le pendule permet de localiser les « points à foudre », c'est-à-dire l'endroit où, à chaque orage, tombe la foudre. En général, on découvre, au pendule ou à la baguette, que ces « points à foudre » sont situés au-dessus de croisements de cours d'eau souterrains !

Le pendule vous permettra aussi de déceler *les zones de pollution électrique, produites par un moteur* (attention aux réfrigérateurs qui émettent toute la nuit des vibrations près d'une étable, un chenil, etc.), *par une ligne à haute tension, par les radars, etc.* La pollution électrique déclenche autant de troubles graves chez les animaux que chez les humains. L'électrification amène parfois des catastrophes. Nombreux d'ailleurs sont les exploitants agricoles (en parti-

1. « La géobiologie », article paru dans le n° 66, avril 1980, de *Nature et Progrès*, *cf.* aussi la revue *Thérapeutiques naturelles* dans le numéro cité plus haut.

A gauche, un arbre développe un cancer sur son tronc.
A droite un autre arbre a été foudroyé.
L'arbre cancéreux a été planté sur un « nœud Hartmann »,
ou bien au croisement de deux courants d'eau souterrains.
La foudre tombe de préférence à la verticale de ces croisements (A).

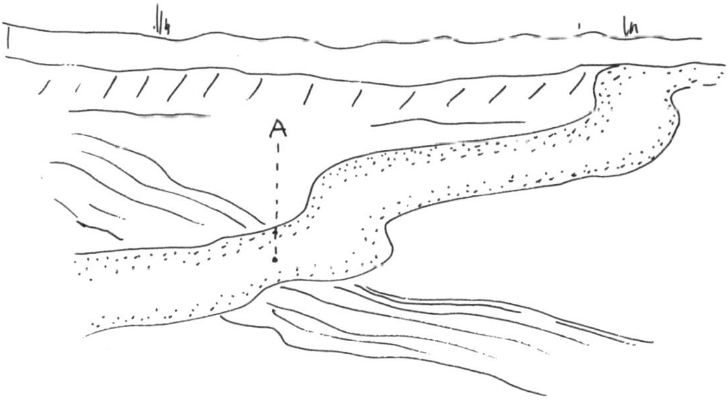

Dans le sous-sol, deux courants d'eau souterrains peuvent se croiser,
parce qu'ils sont à des profondeurs différentes.
Le radiesthésiste peut les détecter à la baguette et au pendule ;
ce dernier indiquera la profondeur des cours d'eau et leur débit.

culier agrobiologistes) qui réagissent avec prudence et bon sens. La « fée électricité » ne fait pas que des cadeaux !

La radiesthésie permet de découvrir ainsi un grand nombre de choses que la science moderne ignorait ou méprisait. Pour manier le pendule, il ne faut pas avoir trop de préjugés « scientifiques » ou, du moins, savoir intelligemment les oublier !

LA CHASSE ET LA RADIESTHÉSIE

Depuis que la radiesthésie est connue, beaucoup de chasseurs ont essayé de s'en servir pour savoir où trouver le gibier. Or, là, les résultats sont contraires à ceux qu'on pourrait attendre ; tout se passe comme si l'animal, qui a son propre radar, sentait qu'on le recherche, et captait les ondes émises par le pendule. Ce qui lui permet de localiser son poursuivant mieux qu'il ne l'aurait fait si ce dernier n'avait pas de pendule ! Résultat : quand le chasseur arrive, l'animal a déguerpi !

Car le pendule n'est pas seulement un récepteur, il peut être utilisé aussi comme émetteur, amplifiant les ondes de la pensée.

Ma consœur écrivain Christine Hardy m'a raconté l'histoire suivante, qui se passe en Afrique. Au cours d'une randonnée dans une réserve, elle avait aperçu une éléphante et son petit près d'un marigot. Le soir, à l'hôtel, elle raconta à quelques amis cette rencontre. Un client de l'hôtel, visiblement intéressé, se rapprocha pour écouter, et vint même lui poser des questions : « Et l'animal était où, exactement ? A quel endroit l'avez-vous vu ? A quelle heure ? etc. » La jeune femme comprit qu'il s'agissait d'un chasseur. Elle avait, sans le vouloir, trahi le secret du refuge de l'éléphante...

Le chasseur, ou plutôt le braconnier, manifesta son intention de partir en chasse le lendemain matin, dès l'aurore, pour surprendre la mère et son petit près du marigot. « N'y allez pas, supplia Christine, il y a un tout petit éléphanteau... Si vous abattez la mère, il sera perdu. »

Le chasseur rit et se retira. La jeune femme, consternée, se demanda quoi faire. Comment prévenir l'éléphante ? C'était impossible matériellement... Alors, toute la nuit, elle parla à l'animal, en dirigeant son pendule dans sa direction : « Sauve-toi, ta vie est menacée, va-t-en, je t'en supplie ! »

Le lendemain matin, avant l'aurore, le braconnier partit. Le soir, il rentra bredouille. Au bar de l'hôtel, sous l'influence de l'alcool, il raconta bruyamment sa déconvenue : il y avait bien des traces, près du marigot, indiquant la présence des éléphants. Mais ceux-ci étaient partis depuis quelques heures lorsqu'il arriva sur les lieux.

C'est alors qu'arriva un guide qui connaissait assez bien la réserve – et travaillait, lui, à la protection des éléphants. Il dit à Christine Hardy : « Je savais qu'ils étaient là, depuis plusieurs mois, dans le même endroit ; c'est étrange qu'ils aient décidé de partir juste à temps... »

LA VIE PROFESSIONNELLE

On peut s'aider du pendule dans un nombre illimité d'activités, dont voici quelques-unes :

LA SÉLECTION DU PERSONNEL DANS LES ENTREPRISES ET L'ORIENTATION PROFESSIONNELLE

Les « chasseurs de têtes » sélectionnent les dossiers des candidats : ils font appel à de nombreux psychotechniciens spécialisés dans l'investigation psychologique. Les tests, l'expertise graphologique et aussi, de plus en plus, le bilan psycho-astrologique, permettent d'étudier le « profil » de chaque candidat. Lorsqu'il m'arrive de donner des conseils d'orientation professionnelle ou d'embauche, j'utilise... l'astrologie et le pendule !

La radiesthésie est utile dans les deux sens : le candidat peut avoir, lui aussi, à choisir entre plusieurs patrons... Si vous voulez éviter de dépenser une fortune dans une officine spécialisée, vous pouvez très efficacement trouver, grâce au pendule, la personne qu'il vous faut, que ce soit un employeur ou un employé, un cadre supérieur... ou même un locataire !

Voici comment procéder : demandez au candidat, selon l'usage, soit une photo, ses nom et adresse si possible écrits de sa main, une lettre à son en-tête, ou sa date de naissance, éventuellement le curriculum vitae (selon le niveau professionnel). Tous ces documents de base seront vos témoins, sur lesquels vous pourrez passer le pendule.

Essayez surtout de *vous libérer l'esprit* de tout ce qu'on vous a dit sur le candidat. Ne vous fiez qu'à votre pendule. N'embauchez pas quelqu'un sur la seule recommandation d'un ami... qui peut se tromper (ou vous tromper) !

BANQUES, BOURSE, COMPTABILITÉ

Travaillez sur les documents fournis par votre banque :

– *Vérifiez vos relevés de compte* au pendule (« Contiennent-ils une erreur ? OUI ? NON ? »). Vérifiez page par page. Vous gagnerez ainsi beaucoup de temps : le pendule vous évitera de refaire les calculs !

– *Factures et devis :* passez le pendule au-dessus de chaque document avant de vous embarquer dans une commande ou un contrat (pour les devis), ou avant de payer (pour les factures). L'oscillation négative du pendule à la question : « Le compte est-il exact ? » « Le devis est-il honnête ? » peut révéler une erreur, une majoration illégale ou abusive.

– *La Bourse :* utilisez comme témoins à la fois vos propres documents, la carte de visite des entreprises et les pages boursières des journaux. Fabriquez un cache, comme indiqué plus haut et, en évidant une feuille de papier bristol, de telle façon qu'une seule ligne soit visible à la fois, celle sur laquelle vous passerez le pendule, avec la question : « Dois-je acheter ? Ou vendre ? Aujourd'hui ? Plus tard ? » etc.

La méthode du cache en papier peut s'utiliser chaque fois que vous avez affaire à une liste de noms ou d'objets.

Une autre façon de procéder consiste à recopier les noms (s'il n'y en a pas trop) sur de petits bouts de papier. Ensuite, vous passez votre pendule au-dessus de chaque nom écrit, en ne laissant sur la table, visible, que celui sur lequel vous opérez.

Toute carte de visite, papier à en-tête, dépliant publicitaire, photo, article de presse, étiquette, peuvent constituer des témoins en affaires.

LE LANCEMENT D'UNE AFFAIRE

Chacune des décisions à prendre, depuis l'idée de départ, peut donc être contrôlée pendule en main. Mais surtout, même si vous êtes enthousiaste, n'essayez pas d'influencer celui-ci. Soyez avant tout détendu et serein... sinon, confiez le pendule à quelqu'un qui ne soit pas impliqué dans la future affaire ! Soyez prêt à accepter la réponse, quelle qu'elle soit ! Vous passerez donc votre pendule :

– Sur les témoins représentant chaque associé (lettres, photos, cartes de visites, écriture manuscrite, etc.).

– Sur les documents ayant trait aux capitaux. « Peut-on faire confiance à tel organisme ou à telle banque, qui les prêteront ? De quelle somme avons-nous besoin pour commencer ? » Écrivez sur de petits bouts de papier chaque somme envisagée, *grosso modo*, et promenez le pendule sur les chiffres écrits.

– Sur les objectifs de l'entreprise, son champ d'activité. « Est-ce un secteur où nous pourrons travailler ? Ou bien aurons-nous des difficultés à vendre ? » etc.

– Sur son nom futur.

– Sur le budget publicitaire du lancement, l'orientation de la campagne de publicité, sur le choix de l'agence, etc.

– Sur les futurs locaux de l'entreprise (voir plus haut).

EXPERTISES DE TOUTE NATURE : OBJETS ANCIENS

Lorsque vous aurez pris le pli de consulter votre cher pendule, vous ne pourrez plus vous en passer ! Qu'il s'agisse d'un acte notarié, d'une écriture, d'une photocopie, d'un document ancien... ou d'une œuvre d'art... la démarche est la même !

Vous n'avez pas besoin de témoin si vous passez le pendule sur le document ou l'objet à expertiser. Vous avez seulement besoin de silence (intérieur), de concentration, de confiance en vous... et de votre pendule préféré.

Voici un exemple de question que l'on m'a posée : « Ce document est-il une gravure ou un dessin original à la plume ? » Il s'agissait du plan simplifié d'une ville, datant du XVIIe siècle. Comme les plans de cette époque, il était orné de petits dessins représentant les fortifications, les églises, etc., en vue cavalière. Le pendule se mit à tourner une fois OUI, une fois NON. Ce qui voulait dire : « les deux » !

L'examen plus attentif du document par un spécialiste montra qu'il s'agissait d'une gravure qui avait été retouchée avec une encre de même couleur. Donc c'était bien, à la fois, une gravure et un dessin.

Les experts en céramique se servent du pendule. Par exemple : « Cette faïence de Moustiers est-elle bonne ? » (C'est-à-dire un original de l'époque et du lieu – fin du XVIIIe siècle en Provence.)

Si le pendule répond NON, il faut chercher : « Provient-elle d'une fabrique voisine ou étrangère ? Est-ce de l'Alcora ? Du Marseille ? Est-ce une copie tardive ? » etc.

Vous vous apercevrez vite qu'en radiesthésie on ne peut chercher efficacement que ce que l'on visualise clairement. La radiesthésie seule ne suffit pas : elle doit se doubler de connaissances précises dans le domaine que l'on recherche, et cela s'acquiert avec l'expérience.

Notez vos échecs : vous vous apercevrez que les erreurs proviennent très souvent de questions mal posées, parce qu'on ne connaît pas assez, justement, « la question ». Il faut donc à la fois :

– Travailler le pendule (souplesse de la main, relaxation physique et nerveuse, détachement intérieur...).

– Et travailler le domaine où vous expertisez. S'il s'agit, pour reprendre l'exemple ci-dessus, de céramique, potassez les livres sur la question, fréquentez les salles des ventes, les antiquaires et le musée de Sèvres, pour apprendre à distinguer un « Moustiers décor à la fleur de pomme de terre », d'un « Moustiers décor à la Berain » !

Votre travail au pendule sera efficace dans la mesure où vous aurez développé aussi votre culture et votre information personnelles !

RADIESTHÉSIE JUDICIAIRE

Dans ce domaine, les erreurs peuvent être lourdes de conséquences humaines... Il arrive souvent que la police s'assure le concours d'un radiesthésiste. Mais celui-ci ne sera efficace que s'il connaît un peu les problèmes judiciaires.

En général, il s'agit :

– soit de rechercher des personnes disparues, ce qui est encore relativement simple (on travaille sur carte d'état-major, et sur plan, avec des témoins de cette personne) ;

– soit d'expertiser des documents soupçonnés d'être faux, truqués, postdatés ;

– soit encore d'évaluer la responsabilité d'éventuels complices : « La concierge a-t-elle signalé cet appartement vide aux cambrioleurs ? » « Ceux-ci étaient-ils de mèche avec elle ou avec les ouvriers chargés de réparer le chauffage central ? » Avant de passer le pendule, le radiesthésiste demandera à consulter les dossiers, les documents. Il faut qu'il se fasse expliquer l'affaire en détail, de façon à poser les questions correctes, en se faisant une idée claire du problème.

Nous avons parlé, plus haut, du pauvre Aymar qui avait aidé les gendarmes de Lyon : c'est l'un des premiers exemples connus de collaboration entre la police et les radiesthésistes. Comme le dit très justement Maurice Le Gall (*Toute la radiesthésie en neuf leçons*[1], page 122) : « Le nombre des radiesthésistes qui collaborent avec la police pour la recherche des auteurs de crimes et de délits est plus grand que le public ne l'imagine : cette collaboration est généralement très discrète et elle doit être encouragée, puisque la police et les magistrats ne peuvent qu'y gagner : une erreur les entraînerait bien sur une fausse piste, mais au moment où le radiesthésiste est consulté, la police a déjà commencé la série de ses "recherches infructueuses". »

Mais « il est très difficile d'empêcher racontars, exposés des versions les plus vraisemblables, conseils désintéressés, découvertes d'un confrère, garanties morales concernant certains individus, soupçons pour d'autres, etc. Le radiesthésiste qui consent à s'occuper d'une affaire criminelle doit se gendarmer : "Ne me dites rien : répondez seulement à mes questions." Puis il interroge, non dans le dessein de se faire une opinion, mais afin de déterminer les questions qu'il se posera à soi-même pour les résoudre par la radiesthésie. »

Maurice Le Gall attire l'attention sur le fait que le « responsable » n'est pas forcément le « criminel », c'est-à-dire qu'au départ, dans une « affaire », on n'est pas toujours sûr qu'il s'agisse d'un acte malveillant. On croit que certaines personnes ont été assassinées, or il s'agit d'un accident. On pense à un vol, et on cherche le voleur, or il s'agit d'une perte, etc.

Maurice Le Gall raconte l'histoire suivante : « En 1950, une fermière vint nous demander de chercher le misérable incendiaire qui avait mis le feu à l'une de ses meules de paille : elle assurait que ce méfait venait à la suite de nombreux vols et sabotages, et elle était

1. Éditions Dervy-Livres, Paris.

outrée de cette dernière malveillance. Comme elle pouvait donner la liste de toutes les personnes présentes le jour de l'incendie, nous avons cherché l'incendiaire et nous n'avons pas trouvé le "criminel" : surprise de la fermière devant laquelle nous avons cherché le "responsable" et nous avons trouvé un ouvrier agricole qui a avoué avoir fumé près de la meule après avoir dérobé quelques œufs qu'il avait aperçus à proximité. » (*Op. cit.* p. 124). Il n'y avait pas de « criminel », seulement un « maladroit » !

Dans son livre *La Main divinatoire*, Christopher Bird parle d'un radiesthésiste vietnamien, aujourd'hui installé en Californie : le capitaine Vo Sum. Celui-ci avait été initié à la radiesthésie par son père, qui possédait toute une collection de livres français sur le sujet.

Vo Sum rendit de grands services à la marine en l'aidant dans sa recherche des navires en détresse. Il travailla également à retrouver d'innombrables personnes présumées disparues. (Hélas, beaucoup de ses compatriotes s'interrogent encore sur le sort d'un ou de plusieurs membres de leur famille !)

Un jour, en 1974, la marine vietnamienne fit appel à Vo Sum pour retrouver des trafiquants d'opium. On savait que la jonque suspecte était partie de Satahip, petit port du golfe de Thaïlande, et qu'elle faisait voile vers la Cochinchine. Sortant son pendule de sa poche, Vo Sum posa d'abord la question clé : « Dois-je ou non étudier ce problème ? » Lorsque le mouvement du pendule lui eut donné une réponse affirmative, il posa alors les questions suivantes :

– La jonque immatriculée sous le numéro 93 393 transporte-t-elle actuellement de l'opium ? Réponse : oui.

– Cet opium sera-t-il saisi par la marine avant minuit ? Réponse : non.

– Sera-t-il saisi le 27 juin à 1 heure, 2 heures, 3, 4, 5 heures du matin ? Réponse : non.

– Sera-t-il saisi à 6 heures du matin le 27 juin ? Réponse : oui.

– Les six tonnes seront-elles saisies ? Réponse : non.

– Un tiers sera-t-il saisi ? Réponse : oui.

Ces réponses semblant justifier des recherches plus poussées, Vo Sum se procura auprès des archives du Sea Operations Command une photo en couleurs 10 x 18 représentant une jonque – bateau qui file dix nœuds, mesure quatorze mètres de long sur trois mètres de large, pèse dix tonnes et dont l'équipage comporte huit hommes. Il changea sur la photo le numéro qui figurait sur le bateau pour le remplacer par celui du bateau présumé contrebandier,

93 393, et posa la photo près de la carte pour concentrer son attention sur la cible recherchée.

A 11 heures précises, Vo Sum localisa la jonque à un point A sur une grande carte qui représentait toute la pointe sud de la péninsule indochinoise ainsi que le golfe de Thaïlande et nota qu'elle cinglait selon un cap de 55 degrés, soit est-nord-est.

Dans l'après-midi, le capitaine interrogea trois fois son pendule à 13, 15 et 16 heures.

Manœuvrant d'après les renseignements de Vo Sum qui lui étaient transmis par radio depuis la côte, le commandant d'un destroyer vietnamien type HQ-4 déclara avoir capté une jonque sur son écran radar à 16 heures. Le navire prit la jonque en chasse, finit par la rattraper et l'arraisonner à 20 h 15 à six milles et demi de l'archipel de Con-Son, site d'une colonie pénitentiaire établie par les autorités coloniales françaises et qui avait été maintenue par le gouvernement de Saigon après l'indépendance du Sud-Viêt-nam.

Vo Sum fut étonné que la jonque ait été arraisonnée si tôt. Il avait annoncé que l'opium serait saisi le lendemain matin. Comme la jonque avait été rattrapée dix heures plus tôt, il semblait avoir fait une erreur quant à l'heure exacte de la capture du bateau. La jonque fut fouillée jusqu'à 1 heure du matin le 27 juin, heure à laquelle le destroyer informa par radio le Sea Operations Command que ses hommes n'avaient trouvé à bord qu'une cargaison de légumes, de glace et de poissons, et aucune trace de drogue.

Le capitaine Khue, chef adjoint du Sea Operations Command, regarda Vo Sum avec méfiance. « On dirait que vous vous êtes trompé », lui dit-il d'un air de reproche.

Nullement ébranlé, Vo Sum entreprit de vérifier à l'aide de son pendule si l'opium de contrebande se trouvait bien à bord de la jonque et en reçut confirmation sans équivoque possible. Il se tourna vers Khue : « Donnez l'ordre de continuer les recherches, insista-t-il. Dites-leur de mettre la jonque sens dessus dessous. » Khue, sceptique, s'exécuta cependant.

Après avoir reçu l'ordre de continuer leur fouille, les hommes décidèrent de sonder jusqu'au fond les tonneaux remplis de glace et de poissons. A 14 h 30 exactement, ils tombèrent sur le premier lot d'opium. Stimulés par ce premier succès, ils continuèrent leurs recherches et à 17 heures, le 27 juin, le commandant du destroyer informa Khue qu'ils avaient trouvé au total 2,1 t d'opium. Les prédictions de Vo Sum s'étaient révélées exactes sauf sur le point de l'heure ! (Christopher Bird, *La Main divinatoire*, Éd. Robert Laffont.)

L'EMBAUCHE DANS LES ENTREPRISES

Grave problème... Bien des chefs d'entreprise vous disaient autrefois que les agences de recrutement, les fameux « chasseurs de tête » leur fournissaient dans bien des cas des gens qui ne convenaient pas... Aujourd'hui, où les candidats se pressent en foule pour un nombre de postes bien plus réduit, le sujet est devenu brûlant. Tant d'angoisses sont suspendues à la décision d'embauche ! Quelle lourde responsabilité pour les décideurs... Or les tests psychologiques « officiels » se révèlent souvent catastrophiques ! Depuis, la graphologie aidant, l'efficacité s'est beaucoup améliorée ; mais enfin la graphologie ne dit pas tout. Elle a des limites.

Il n'est pas toujours possible de distinguer un trait de caractère permanent d'une déformation temporaire due à la maladie, au stress ou à la fatigue. La graphologie ne donne pas l'âge exact de la personne (ni d'ailleurs le sexe), ni ses opinions politiques, religieuses ou philosophiques (qui, dans certains cas, peuvent être une source de frictions telles au niveau de l'entreprise qu'il vaut mieux ne pas embaucher le candidat !). J'ai vu aussi le cas d'un candidat dont les appartenances à un service secret n'avaient pas été décelées par l'analyse graphologique – et pourtant, cela risquait de poser des problèmes...

En principe, le candidat donne un certain nombre de renseignements types dans son CV (âge, nationalité, situation de famille, diplômes, expérience professionnelle). Mais il y a des éléments très importants qu'on ne signale jamais dans un CV. Et que la graphologie ne détecte pas non plus. Exemple : la candidate dont le mari accepte de mauvais gré qu'elle travaille à l'extérieur ; il va lui faire la guerre jusqu'à ce qu'elle renonce ! Autre exemple : l'étranger dont les papiers ne sont pas vraiment en règle – ou bien l'étranger dont on ne peut pas faire une analyse graphologique... parce qu'il ne sait pas écrire (ouvriers maghrébins par exemple). Dans ces cas-là, l'astrologie donne les informations... à condition d'avoir une date de naissance pour monter le thème astrologique !

Mais il y a bien plus rapide, bien plus efficace pour une première sélection : le pendule que l'on peut passer sur la photo.

Une amie devait embaucher un chauffeur. Deux candidats : un Marocain et un Malien. Aucun des deux n'est capable d'écrire une lettre pour se présenter : l'analyse graphologique est donc exclue. Aucun d'eux ne sait sa date de naissance exacte : l'analyse astrologique est également impossible. « Pouvez-vous me dire au pendule lequel je dois engager ? me demande cette amie.

– Donnez-moi quelque chose qui puisse me servir de témoin.

– Je n'ai que leurs noms.

– Alors, donnez-les-moi. »

J'écris sur deux bouts de papier différents les deux noms qu'elle me dicte, et je passe le pendule dessus, avec la question : « Cette personne convient-elle comme chauffeur à Mme M. K... ? » Catastrophe : les deux fois, le pendule tourne au négatif ! J'appelle mon amie :

« Je suis désolée. Je me trompe peut-être, je trouve les deux négatifs.

– Bravo, dit-elle. Le premier était celui que j'ai dû renvoyer pour cause de vol. C'était un piège... Le second travaille chez quelqu'un que je connais... Mais je ne l'embaucherai pas, car il n'est pas libre ! »

Assez mécontente d'avoir travaillé pour rien, je lui dis : J'aurais très bien pu me tromper, parce que travailler avec comme seul « témoin » un nom dicté par téléphone, c'est dangereux...

A quoi bon user son énergie sur une question qui n'en est pas une ? Car vous verrez que l'expertise radiesthésique n'est pas un « jeu », comme le croient les sceptiques et les ignares. C'est un travail qui mobilise toutes les forces nerveuses.

Habituellement, en effet, je passe le pendule sur une photo (sur laquelle il est possible également de lire l'aura), sur une écriture, sur un thème astrologique, ou sur un curriculum vitae.

Il y a un autre aspect, que les « chasseurs de tête » ne prennent pas toujours en compte, c'est la compatibilité de caractère entre l'embaucheur et l'embauché. Ils peuvent être tous les deux intègres, compétents, calmes... et cependant ne pas s'entendre du tout ! L'analyse graphologique ne le dira pas forcément (si elle ne dispose pas de l'écriture du chef d'entreprise pour comparer). Une comparaison de thèmes astrologiques le dira sûrement. Mais on peut aller droit au but, bien plus vite, avec la question au pendule : est-ce que M. X et M. Z, qui doivent travailler ensemble, peuvent s'entendre ?

Il y a parfois – presque toujours, même ! – une raison karmique à la mésentente. Celle-ci remonte à des vies antérieures...

LES LOISIRS

ASTROLOGIE ET RADIESTHÉSIE

En tant qu'astrologue, j'ai constaté que beaucoup de gens ignorent leur date de naissance exacte. Ils demandent à l'astrologue de leur monter un thème de naissance... en apportant des données fausses !

Il y a bien chez nous une loi, datant de 1870, qui exige que l'heure de naissance soit portée sur l'état civil. Mais combien de gens l'ont respectée vraiment ?

Dans l'immense majorité des cas, l'heure aura été « arrondie » : « Je suis né à 8 heures du soir », vous dit-on. Mais il n'y a qu'une chance sur soixante que ce soit à 8 heures pile. Cela peut être à 8 h 30, ou 7 h 45, parfois plus près de 7 heures !

Très souvent, la naissance a eu lieu avant l'heure indiquée sur l'état civil : dans le feu de l'action, personne n'a pensé à regarder la pendule. Et c'est seulement une fois le bébé et la maman tirés d'affaire que l'accoucheur ou la sage-femme regardent l'heure !

Il y a également les cas de naissances prématurées, où le bébé est né... n'importe où : dans une gare, en attendant l'ambulance ; dans le taxi qui conduisait la maman à l'hôpital. Une de mes amies a accouché dans son salon : le bébé est arrivé tellement vite qu'elle n'a pu se faire conduire à la clinique ! Dans ce cas-là, pense-t-on à regarder la minute précise où l'enfant pousse un cri ?

Théoriquement, l'enfant est considéré comme né lorsque sa tête est sortie et qu'il commence à crier (quand il prend sa première inspiration).

Il y a le cas des enfants nés à l'étranger, de parents français, qui déclarent l'heure française au lieu de l'heure locale (cas fréquent parmi le personnel des bases militaires par exemple). C'est ainsi que personne n'est sûr de l'heure exacte de Valéry Giscard d'Estaing, né en Allemagne le 7 février 1926[1], que certains astrologues donnent comme Ascendant Balance, et d'autres comme Ascendant Vierge (il y avait une heure de différence entre la France et l'Allemagne à cette époque-là).

1. A 21 h 20 à Coblence. On ne sait pas s'il a été déclaré selon l'heure allemande ou l'heure française. Selon les uns, ce célèbre « natif » aurait l'Ascendant à 26 degrés de la Vierge, et, selon les autres, à 7 degrés de la Balance.

Il y a aussi le cas de tous les enfants nés dans les pays étrangers où la loi n'oblige pas à donner l'heure de naissance : le Canada, par exemple, ou certains pays de l'Est. Il y a également le cas des enfants nés au cours d'une guerre : sous les bombes, dans un abri, ou dans un camp... A ces moments-là, il y a peu ou pas de médecins ni d'infirmières pour noter l'heure exacte ; peu ou pas de moyens de transport pour aller déclarer l'enfant à la mairie. On attend plusieurs jours pour le faire... et on oublie l'heure exacte ! Combien de fois, dans mes groupes d'astrologie, ai-je entendu des gens me dire : « Je suis né à 6 heures du matin selon ma mère, mais sur l'état civil, il est marqué 10 heures (ou 12 heures, ou même 6 heures du soir !). » Dans mes groupes, la moitié des participants au moins ont un thème monté sur une heure fausse ou sur un jour faux. Et j'allais oublier la dame dont la naissance avait été déclarée le lendemain, parce qu'elle était née un vendredi 13 : « On ne peut pas la déclarer aujourd'hui, décida sa mère, ça lui porterait malheur ! » On la déclara donc le samedi 14 !

Pour l'astrologue, cela fait une certaine différence : la Lune n'est plus dans le même signe, l'Ascendant non plus si l'erreur horaire est importante... Ma fille aînée a une jumelle astrale, née à Paris comme elle, le même jour du même mois de la même année – mais à une heure de différence. La première est donc Ascendant Balance, la seconde Ascendant Scorpion ; et l'on voit bien que leurs caractères, malgré beaucoup de points communs, ont des divergences qui viennent de la différence de psychologie entre ces deux signes. Le Soleil ne se trouve pas dans la même maison pour chacune des jeunes filles, ni la Lune...

Bref, il y a tout intérêt à monter un thème astrologique sur une heure juste !

L'astrologie elle-même peut trouver cette heure juste par recoupements, par comparaisons entre le thème, les transits et les divers événements marquants de la vie. Mais c'est un long travail. Moi-même, lorsque j'étais au Canada, je demandais à mes consultants de décrire leur domicile (pour voir si la description correspondait avec la maison IV censée décrire le lieu où l'on habite) ; ou leur conjoint (dont le portrait est donné avec beaucoup de détails par la maison VII et les planètes maîtresses de la VII). Si cela coïncide bien, cela peut donner une idée de la place de l'Ascendant, ou du Milieu du Ciel, etc.

Finalement, j'ai opté pour le pendule, qui permet de retrouver l'heure de naissance avec beaucoup plus de précision et beaucoup plus vite. Voici comment nous procédons dans nos groupes d'astrologie karmique :

D'abord, décomposer la date à vérifier : énoncer l'année, vérifier ; puis le mois, vérifier ; puis le jour, idem ; puis l'heure.

Il est rare que l'année soit inexacte (c'est pourtant le cas de mon fils Gil qui est né fin décembre mais a été déclaré début janvier !).

Le mois peut être inexact pour les mêmes raisons (week-end, fête, etc., qui obligent à déclarer la naissance les jours suivants, ce qui multiplie les risques d'erreur).

Mais le jour, et plus souvent encore l'heure, sont très souvent erronés. Supposons une naissance énoncée pour : le 8 janvier à 1 heure du matin. Première question : « Est-ce bien le 8 ? » En cas de réponse négative, on cerne peu à peu la vérité, par touches approximatives. « Est-ce avant le 8 ? » Si la réponse est positive, on remonte en arrière : « Alors est-ce le 7 ? », « le 6 ? le 5 ? etc. », en cas de réponse négative. Jusqu'à ce que le pendule donne une réponse positive. De même pour l'heure. Pour celle-ci, je prends le pendule dans un geste très mou, très flou, très relax, et je le laisse tourner en énonçant les heures : « 1 heure 1 minute, 2 minutes, 3 minutes, etc. » A l'approche de la minute exacte, le pendule, qui était négatif jusque-là, ralentit, s'arrête, puis repart en sens positif. A la minute exacte, il tourne d'une manière franchement positive. Ensuite, il se remet peu à peu en sens négatif.

Le pendule permet de gagner beaucoup de temps, en donnant très rapidement un résultat que l'astrologue, par le calcul seul, aurait mis beaucoup plus longtemps à obtenir.

Ce n'est d'ailleurs pas que l'on ne puisse pas faire une analyse juste sur un thème faux... ! Dans ce cas-là, l'astrologue s'appuie sur son intuition, sur sa vision intérieure du natif (surtout s'il l'a en face de lui) plutôt que sur une « analyse logique » du thème. Heureusement que l'intuition corrige les erreurs de calcul... Voilà pourquoi beaucoup d'astrologues font tout de même d'excellentes analyses sur des thèmes inexacts (inexacts parce qu'on leur a fourni une date fausse !).

LA CHASSE AU TRÉSOR

Je connais des gens qui ont trouvé un trésor... ou même deux ou trois, ou plus ! Ceux qui vous mettent à jour les statues de Notre-Dame, qu'on croyait perdues depuis deux cents ans[1], ou le Vase de Vix... On a remarqué, cependant, que, si les « chercheurs » étaient nombreux, les « trouveurs » étaient le plus souvent des archéologues professionnels ou amateurs. Un ignorant complet a infiniment moins de chances de trouver un trésor, et parfois, même, il le trouve, mais ne comprend pas qu'il s'agit de quelque chose de précieux. Témoin le berger arabe qui, courant derrière une chèvre perdue, découvrit les manuscrits esséniens près de la mer Morte. Il rapporta les rouleaux à sa mère, qui, enchantée de l'aubaine, en brûla une partie pour allumer son fourneau !...

Toute chasse au trésor sérieuse doit commencer par la constitution d'un dossier : une recherche dans les archives pour être sûr, historiquement, qu'il y ait un trésor. Il faut savoir ce que l'on cherche : or, argent, bijoux, statues, manuscrits précieux, et de quelle époque.

La recherche doit se continuer sur plan (carte d'état-major, carte marine détaillée, plan du quartier, bâtiments, plan cadastral, etc.). N'entreprenez de fouilles sur le terrain qu'après un travail préparatoire, sur archives et sur plan.

Ceux qui trouvent sont également ceux qui ont des connaissances archéologiques pratiques. Qui savent comment on mène des fouilles (car il ne s'agit pas de creuser un trou à l'aveuglette, en empilant la terre à côté... juste à l'endroit où il faudra creuser de nouveau !). L'archéologie, cela s'apprend avec une pelle et un tamis, dans la boue et les cailloux, sous un soleil torride... Lisez le merveilleux livre du Breton Jean de Kerdéland, *La Chasse au trésor* (Éditions Robert Laffont), où il donne une liste de trésors connus qu'on n'a pas encore réussi à retrouver. Peut-être tomberez-vous un jour sur celui des Templiers à Gisors ? Ou sur les galions de l'Invincible Armada ? (Mais là, il faudrait vider l'Atlantique !...)

La France est le pays des trésors. En Provence est cachée la Cabre d'or, chèvre fabuleuse qui symbolise, dans l'inconscient collectif, l'incroyable quantité de métaux précieux qui restent encore cachés dans cette région (tant de civilisations prospères y ont vécu !).

1. Fr. Giscard d'Estaing, *Notre-Dame, les Rois retrouvés*, Éditions Joël Cuénot.

Il est normal que la radiesthésie, ayant été traditionnellement appliquée aux mines depuis des siècles, soit particulièrement efficace dans la recherche des trésors métalliques.

Baguettes et pendules sont ainsi utilisés dans le monde entier, aussi bien en ex-URSS, qu'en Europe, qu'aux États-Unis et complètent les informations données par les détecteurs de métaux[1].

Un radiesthésiste russe, Alexandre Pluzhnikov, utilise des baguettes en métal pour retrouver des sites archéologiques, en particulier le champ de bataille de Borodino (où Napoléon affronta l'armée russe). Les baguettes de Pluzhnikov ont la forme d'un « U » à base carrée, et on tient une branche dans chaque main. Mais Pluzhnikov pourrait très bien effectuer cette recherche au pendule, comme le faisait le célèbre abbé Mermet. Les grands champs de bataille de l'histoire sont une mine : armes et monnaies s'y trouvent à profusion...

Un de mes amis avait une grande maison près de Paris, laquelle avait été occupée par les Allemands lors de la dernière guerre. Sa grand-mère, en 1940, pressentant l'invasion, avait caché l'argenterie quelque part dans le jardin.

Après la guerre, mes amis retrouvent la maison dévastée, mais toujours debout. Par contre la grand-mère est morte sous un bombardement, sans avoir dit exactement où elle avait caché l'argenterie. On sait seulement que c'était dans le jardin... si vaste qu'il s'agit plutôt d'un parc.

L'ami en question consulte un jeune radiesthésiste. « Ce n'est pas la peine que je me déplace, dit celui-ci. Avez-vous un plan de cette maison ? » « Non », dit l'ami. « Alors pouvez-vous en dessiner un ? » Notre propriétaire s'exécute et fait le dessin précis que vous voyez ci-dessus. Le radiesthésiste sort son pendule et le passe sur le plan dessiné. Il marque six endroits (marqués d'une croix sur le plan). « Faites des fouilles à ces emplacements, dit-il, de préférence avec un détecteur de métaux. »

Le propriétaire regarde attentivement les lieux indiqués : « ici, derrière la maison, c'est un dépôt d'ordures. » « Alors, répond le radiesthésiste, ce n'est pas votre trésor, c'est simplement l'endroit où échouent les petites cuillères jetées à la poubelle en vidant les assiettes ! » « Et dans la rivière ? » demande notre ami. « Il y a quelque chose, faites draguer. »

1. Détecteurs de métaux : « Prospections », 110 bis, rue Marcadet, 75018 Paris.

UN TRÉSOR EST CACHÉ DANS LE JARDIN

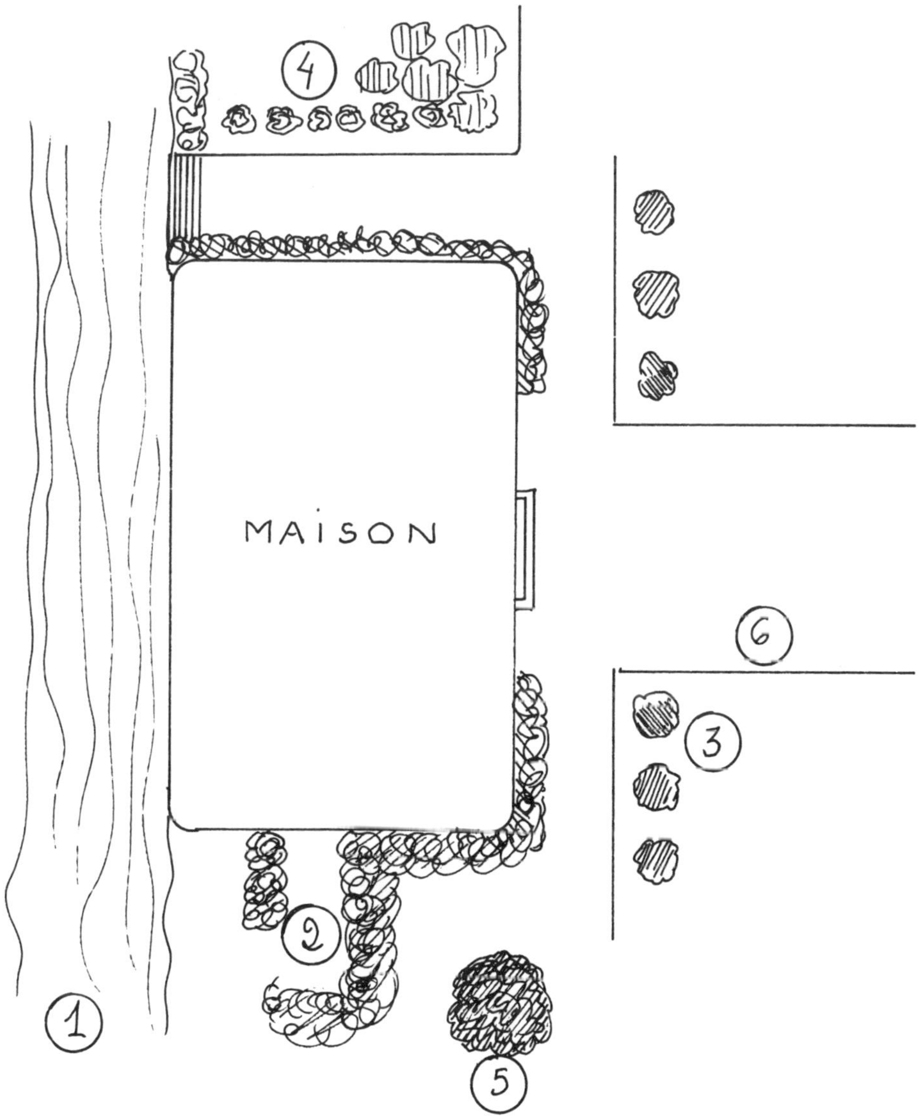

1. Rivière où ont été jetées des armes. 2. Dépôt d'ordures
3, 4, 5, 6. Engins divers non éclatés,
et enfouis à l'endroit indiqué par le radiesthésiste.

Rentré chez lui, notre ami propriétaire entreprit de creuser les sites indiqués par le radiesthésiste. Dans le lit de la rivière, on trouva, non pas le trésor d'argenterie espéré, mais un très important dépôt d'armes françaises et allemandes. Le long des allées, on trouva également des armes et des obus... non éclatés ! Mais d'argenterie, point ! Est-ce à dire que la radiesthésie est inefficace ? Non, c'est plutôt que le radiesthésiste était inexpérimenté.

Il aurait dû poser préalablement la question : « L'argenterie de famille est-elle *encore* enterrée dans la propriété ? » La réponse aurait probablement été NON. (Quelqu'un était passé derrière la grand-mère !) Le jeune radiesthésiste, apparemment débutant, a posé de mauvaises questions. Il a promené son pendule sur le plan en demandant où il y avait du métal enterré... C'est pourquoi il a repéré le tas d'ordures (boîtes de conserve et petites cuillères égarées !), le dépôt d'armes et les obus non éclatés. Il aurait eu intérêt : 1) à travailler avec un « témoin » (pièce d'argenterie) ; 2) puisqu'il était débutant, à se déplacer en travaillant « sur le terrain » ; 3) s'il ne pouvait vraiment se déplacer, il aurait mieux réussi en travaillant sur un plan *exact* (plan d'architecte ou plan cadastral) et surtout, 4) en se faisant préciser, si possible, le nombre, la forme, la taille des pièces d'argenterie, ce qui aurait fixé son mental sur les objets à rechercher. A question floue, réponse erronée... Si j'ai raconté cette histoire de demi-échec, c'est pour montrer combien les débutants en radiesthésie doivent être soigneux dans les détails de l'opération (voir l'histoire du capitaine Vo Sum, au chapitre précédent).

AUTRES UTILISATIONS DU PENDULE

Je ne vous ai pas parlé du tiercé, des courses, de la loterie... Oui, certains cherchent le bon numéro avec leur pendule... et le trouvent parfois !

On peut tout choisir ou décider au pendule : un voyage, l'achat d'une voiture, d'un animal... J'ai essayé de prévoir le temps à l'aide de la radiesthésie... Mais mes prévisions furent assez nébuleuses, parce que j'avais de trop faibles notions de météo. Voici un domaine intéressant où l'on pourrait travailler...

Et il y en a tant d'autres qu'une bibliothèque entière n'y suffirait pas. Alors partez, pendule en main, et bonne chance !

LA CUEILLETTE DES CHAMPIGNONS

Ne mangez aucun champignon sans l'avoir testé au pendule.

Ci-dessous, deux tueuses de sinistre réputation.
Votre pendule réagira dans le sens négatif.

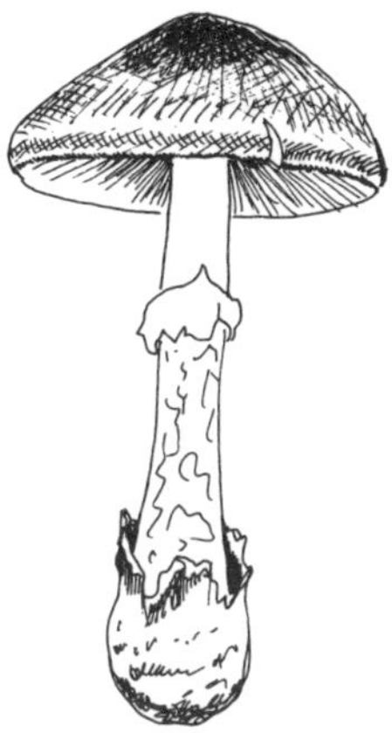

L'amanite phalloïde et l'amanite panthère.

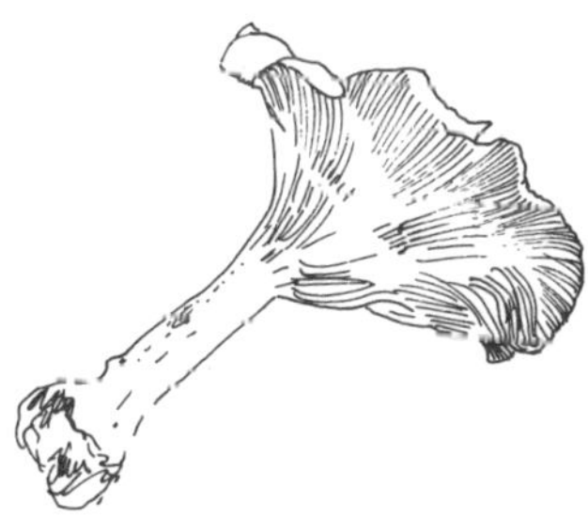

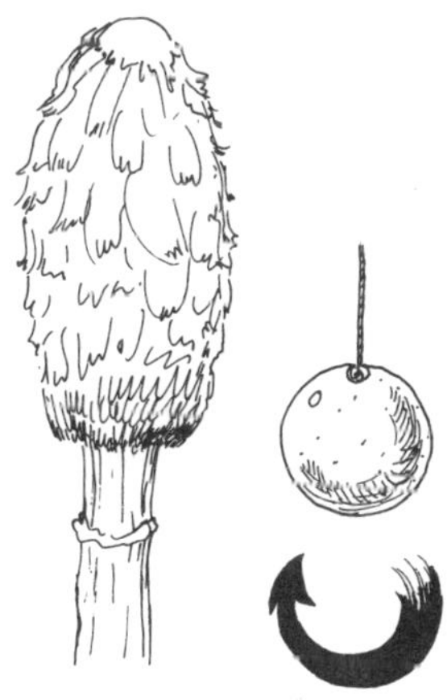

Par contre, le clitocybe nébuleux (ci-dessus)
et le drôle de coprin chevelu (ci-contre)
feront réagir votre pendule
dans un sens positif.

ATTENTION !
NE CONSOMMEZ AUCUN CHAMPIGNON
SANS L'AVOIR FAIT EXAMINER
PAR LE PHARMACIEN
(OU PAR LE SPÉCIALISTE).

VOYAGER EN TOUTE SÉCURITÉ

Les alertes à la bombe

Grave problème... On a vu ces temps-ci un certain nombre d'attentats à la bombe dans les gares, les trains et les aéroports... Certains accidents d'avion s'expliqueraient par l'explosion d'une bombe en vol. Bien entendu, ça ne pardonne pas : aucun rescapé dans ce cas-là ! Il aurait fallu ne pas monter dans l'avion ! Comment savoir ?

Un jour, j'arrive à la gare de Lyon pour prendre le TGV. Il y régnait une ambiance tendue. Sur le quai, plusieurs CRS arrêtaient les voyageurs : « Contrôle de sécurité : présentez vos bagages !

– Volontiers... c'est à cause des alertes à la bombe ?

– Eh oui, malheureusement, ma petite dame, me répond un policier bon enfant (qui voit bien que je suis inoffensive !). »

Dans le train, en cours de voyage, deux ou trois hommes armés demandent aux passagers de reconnaître chacun sa valise... C'était l'époque où l'on paniquait dès qu'on voyait un colis bizarre, et qui avait l'air abandonné, dans le compartiment à bagages.

Tous ces contrôles immobilisaient beaucoup de personnel. Certainement, c'était utile : bien des catastrophes ont pu être évitées ainsi... Un jour, voyant un officier de la police contrôler ainsi le train avec son équipe, je pris l'initiative de lui parler des possibilités de la radiesthésie :

« Savez-vous, monsieur le Commandant, qu'il y a un moyen très simple de repérer les colis "explosifs" dès la gare de Lyon ?

– Non, me dit-il d'un air intéressé.

– Vous pourriez faire appel à un radiesthésiste professionnel : dès le départ, il pourrait vous dire quels trains sont "sûrs" et quels trains sont... à haut risque.

– Comment cela ?

– Il suffit de les expertiser au pendule. »

L'officier, visiblement ouvert, vint s'asseoir à côté de moi. Je lui expliquai quelle était ma méthode. Et comment « je pendulais » les horaires de TGV de chez moi – avant même de prendre le train !

Comme je l'ai déjà dit, il y a dans la police française une longue histoire de collaboration avec la radiesthésie. L'officier, qui en avait sûrement entendu parler, me posa des questions pertinentes ; et, finalement, je lui donnai des adresses de radiesthésistes.

Dans cette angoissante période où les attentats se multiplient sur notre territoire national, je fais beaucoup usage de mon pendule – pas seulement pour les TGV – car les bombes n'explosent pas seulement dans les moyens de transport ; on se souvient qu'il y en eut dans les grands magasins, dans la rue, dans les restaurants, etc.

Faisant confiance à mon pendule, je continue à circuler sans encombre. Mais la condition essentielle, c'est la sérénité : ne pas paniquer, sinon le pendule s'affole et l'on n'obtient aucune réponse fiable !

Prendre plutôt la peine de se calmer, de s'asseoir tranquillement chez soi (mieux encore, après méditation ou prière).

Déployer une carte (l'itinéraire) ou l'horaire du moyen de transport et poser avec le pendule les questions suivantes :

– Le train de telle heure, telle gare, est-il sûr ?

– Telle rue, tel magasin sont-ils sûrs ? Et, comme il faut toujours être précis, ne jamais oublier de préciser l'heure qui sera celle où l'on se trouvera sur les lieux. Exemple : « Les Galeries Lafayette à 16 heures : y a-t-il un risque de bombe ? »

Même chose évidemment pour les avions. Il faut penduler AVANT pour choisir le jour du départ, la compagnie et enfin l'horaire. Je me rappellerai toujours mon premier voyage aux États-Unis... Mon mari me dit :

« Je connais une agence de voyages où l'on te trouvera un billet d'avion pas trop cher.

– Ce n'est pas seulement le prix qui m'inquiète, c'est aussi la sécurité.

– Oh, me répond-il charitablement, les risques d'accident sont minimes... Tout est dans la tête. L'avion, aujourd'hui, c'est comme le métro : tu arrives toujours à bon port. Et si tu paniques en cours de vol, tu n'as qu'à te dire : “Je suis à Strasbourg-Saint-Denis” en survolant New York. Et en arrivant à Washington : “C'est Réaumur-Sébastopol ou Richelieu-Drouot...” » Et mon mari répétait : « L'avion, c'est comme le métro. »

A l'agence de voyages, on me propose plusieurs compagnies desservant New York ou Washington. L'anxiété annulant tout respect humain, je sors mon pendule et je le promène sur les différents prospectus des compagnies aériennes offrant un grand choix de vols au départ de toutes les capitales d'Europe. Le pendule se met à tourner positivement sur un papier que je regarde à peine. Je m'entends dire : « Très bien, je prendrai ça... » Départ de Bruxelles deux mois plus tard : je mets mon billet dans ma poche, et je rentre chez moi. Détestant l'idée d'aller si loin en avion, je me garde bien de toucher au billet jusqu'au jour du départ...

Dans l'aéroport de Bruxelles, l'amie qui m'accompagne me demande : « Tu pars sur quelle compagnie aérienne ? » (Je l'ignorais. Je n'ai pas regardé, je n'ai vu que mon pendule tourner dans le sens positif !) J'extrais donc le billet d'une poche-oubliette... et qu'est-ce que je vois ? La compagnie d'aviation s'appelait... la « Métro » !

C'était une compagnie israélienne, toute récente, que personne ne connaissait. Je fis un voyage archicalme, dans une ambiance de sécurité totale : l'avion était rempli de rabbins à papillottes qui priaient pour la sécurité du vol !

De New York, je téléphonai à mon mari : « Tu avais raison, à l'article près : ce n'est pas *LE* métro, mais *LA* "MÉTRO" ! »

*

* *

Il n'y a pas que la sécurité. Il y a également les réservations – ceci surtout dans les trains. Un jour, à Lausanne, je dis au contrôleur du TGV : « Je n'ai pas réservé ma place. En avez-vous une ?

– Rien du tout, me répond-il. Désolé, le train est complet.

– Alors je monte tout de même, je me caserai bien quelque part avec mon chien : il y aura bien une place louée qui restera inoccupée !

– J'en doute fort. Je ne vous le conseille pas !

– On verra : je prends le risque. »

Comme j'étais en avance, je posai mes valises et commençai à penduler les places l'une après l'autre, voiture après voiture, avec la question : « Cette place restera-t-elle vide ? » Je finis par en trouver une, au-dessus de laquelle le pendule répondit positivement. Je m'y installe avec armes et bagages, et le train démarre.

Arrive le contrôleur : « Comment se fait-il que je vous retrouve à la SEULE place inoccupée du train ? » me demande-t-il très surpris... Et moi de lui expliquer que mon agence de voyages s'appelle « radiesthésie ».

LA RECHERCHE DES VIES ANTÉRIEURES PAR LE PENDULE

Notre époque redécouvre la réincarnation, très vieille tradition druidique que l'on avait oubliée. Les vies antérieures expliqueraient les relations que nous avons avec tel ou tel parent, ou enfant, ou tel membre de la famille. Elles expliqueraient nos goûts, nos aptitudes professionnelles : comment peut-on concevoir que Mozart ait écrit des opéras à l'âge de 7 ans ? Si l'on fait intervenir la réincarnation, celle-ci avance l'hypothèse selon laquelle il avait été un très grand musicien déjà dans une (ou plusieurs !) vie(s) antérieure(s).

L'astrologie, certes, permet de découvrir l'histoire « antérieure » (c'est-à-dire « karmique ») de chacun de nous. Elle peut vous dire : « Vous avez été une danseuse italienne, un esclave romain ou un roi d'Angleterre... » (En général, on préfère celui-ci au précédent...) Mais ce que nous ne savons pas encore trouver, en astrologie, ce sont les dates de ces vies antérieures. Lorsque cette science sera plus avancée, on le saura. Pour l'instant, on peut voir le symbole du roi (qui est le Soleil et le Lion) et le symbole de l'Angleterre (régie par le Capricorne et le Bélier, Saturne et Mars). Mais dire à quelle date vous avez été à la cour du roi d'Angleterre...

Alors, c'est le pendule qui le révélera !

Je procède exactement de la même manière que pour trouver l'heure exacte de naissance, en progressant par des questions de plus en plus précises.

En général, je commence par demander : « Avant Jésus-Christ ? » ou « Après Jésus-Christ ? » Pour un roi d'Angleterre, cela ne peut être que la deuxième hypothèse (car « avant Jésus-Christ » l'Angleterre ne s'appelait pas ainsi). Un jour, à la fin d'une conférence sur « Edgar Cayce et la réincarnation », une dame est venue me dire :

« Je sais que j'ai vécu en Espagne avant cette vie-ci. » Elle n'avait pas de thème astrologique à me montrer (mais on peut s'en passer). Je prends donc mon pendule pour vérifier ses dires. Je pose la question au pendule... qui se met à tourner négativement. Je dis à la dame : « Cela ne semble pas être exact. »

Elle me rétorque : « Je ne peux pas vous croire. Quand je retourne là-bas, je me sens chez moi, je "reconnais" les paysages, les montagnes, l'odeur, la mer, les plantes... tout !

– Et les gens ? la langue ?

– La langue, non ; je la comprends, mais j'ai dû l'apprendre. »

Une idée me vint : et si cette dame avait habité le même pays, le même paysage, alors que **ce n'était pas** l'Espagne ? Je passe le pendule sur le nom ancien de l'Espagne : « l'Ibérie ». Mon pendule se remet à tourner positivement.

« C'est très ancien, dis-je alors à la dame. C'était à une époque où l'Espagne ne s'appelait pas encore ainsi. En réalité, vous reconnaissez les paysages, la nature – mais pas les villes ni les habitants. Vous devez avoir l'impression que ça a changé. »

La dame réfléchit, et me dit : « Oui, au fond, c'est bien ça. Les Espagnols m'agacent ! Là-bas, j'aime surtout la nature, le paysage, la mer... Ça serait merveilleux s'il n'y avait personne ! »

Comme elle me parlait de la mer, j'eus une idée : cette dame avait-elle été Phénicienne ? Avait-elle habité dans les provinces carthaginoises de l'Espagne ? Mon pendule se mit à tourner positivement. Je lui dis :

« L'Espagne dont vous me parlez, "votre" Espagne, où vous retrouvez des paysages connus, c'est le Sud, n'est-ce pas ? La façade méditerranéenne ? Ce n'est pas le Nord ?

– En effet, me dit-elle, c'est exactement la région au sud de Valence. Le Nord, c'est bien différent, et je ne m'y sens pas "chez moi"... »

Si vous voulez en savoir plus

Voici une petite bibliographie qui pourra vous aider :

- *La Radiesthésie en bandes dessinées*, par Robert Felsenhardt et J.-P. Vaillant, Éditions du CIR. Très facile et clair pour les enfants ; les informations sont données par l'image.
- *Toute la radiesthésie en 9 leçons*, par Maurice Le Gall, Dervy-Livres. Un grand classique, très agréablement écrit (mais peu illustré).
- *Ondes de vie, ondes de mort*, par J. de La Foye, Éditions Robert Laffont. Se lit comme un roman...
- *Radiesthésie et émission de forme*, par J. Pagot, Éditions Maloine. Sur le thème des ondes de forme émises par les objets, les couleurs, etc.
- *Douze Balles pour un véto*, par le Dr Quinquandon, Éditions Agriculture et Vie, à la librairie Nature et Progrès, 53, rue de Vaugirard, 75006 Paris.
- *Ces maisons qui tuent*, par R. de Lafforest, Éditions Robert Laffont. Un best-seller dont la lecture reste passionnante.
- *La Main divinatoire*, par Christopher Bird, Éditions Robert Laffont, 1981. Écrit par un Américain, qui nous fait découvrir les surprenantes applications de la radiesthésie en Amérique. L'auteur fait surtout une large place à l'usage des différents types de baguettes et aux recherches « sur le terrain ».
- *Radiesthésie intuitive et Connaissance de la radiesthésie*, par Henry de France, Éditions Desforges, Paris.
- L'excellente revue *Thérapeutiques naturelles* (en particulier les numéros 57, 95, 115) qui traite régulièrement dans ses colonnes des différents aspects de la radiesthésie (Les Presses de la Vallée, 7, rue Larrey, 31000 Toulouse).

• *Notions pratiques de radiesthésie*, par le P. Bourdoux, Éditions Desforges, Paris, 1965.

• *Thérapeutiques naturelles*, par R.P. Jean Jurion, 3 volumes, édités par le CIR, 102, rue La Boétie, 75008 Paris. Le deuxième tome parle plus particulièrement de la radiesthésie médicale. L'ensemble du livre s'adresse aux médecins et thérapeutes ouverts aux médecines douces. Le style du R.P. Jean Jurion est clair, simple, facile à lire pour les débutants en radiesthésie médicale.

• *Physique microvibratoire et forces invisibles*, par A. de Bélizal et P.-A. Morel, Éditions Desforges, 1965 (pour étudiants avancés).

• *Radiations des aliments, ondes humaines et santé*, par André Simoneton, Le Courrier du livre.

Ces livres sont en vente à la *Maison de la Radiesthésie*, 16, rue Saint-Roch, 75001 Paris (tél. : 42 60 41 84), soit encore dans les librairies ésotériques, par exemple, « Le Monde inconnu », 7, rue Cassette, 75006 Paris (tél. : 45 44 10 78).

Les livres plus anciens (de l'abbé Mermet, du père Bourdoux, de Lacroix-à-L'Henry, de l'abbé Bouly, etc.) ont surtout un intérêt historique, et sont pour la plupart épuisés. Il faut les demander chez les bouquinistes.

Conférences et ateliers de radiesthésie de l'Association
« Le Navire Argo »
BP 674-08
75367 PARIS Cedex 08
(pour toute demande de renseignements,
joindre une enveloppe timbrée à vos nom et adresse)

Œuvres de l'auteur

• *Guide de l'anticonsommateur* en collaboration avec Martine Grapas, Éditions Seghers et Robert Laffont, et Livre de poche, 1977. 6e édition en 1981.

• *Le Capricorne*, Éditions Solar, 1982.

• *La Balance*, Éditions Solar, 1982.

• *Le Sagittaire*, Éditions Solar, 1982.

• *L'Univers d'Edgar Cayce*, t. I, Robert Laffont, 1985, t. II, 1987 et t. III, 1992, Livre de poche, collection « J'ai Lu ».

• *L'Astrologie karmique d'Edgar Cayce*, Robert Laffont, 1983, et Livre de poche, collection « J'ai Lu ».

• *Médecines douces pour nos enfants*, en collaboration avec Marie-Églé Granier-Rivière, Stock, 1978, Éditions du Rocher, 1982.

• *Edgar Cayce, guérir par la musique*, Éditions du Rocher, 1989.

• *Le Grand Livre du Scorpion*, sous le nom de Marguerite de Bizemont, Éditions Tchou et Sand, 1979.

• *Le Grand Livre du Cancer*, en collaboration avec Sarah Sand, Éditions Tchou et Sand, 1979.

• *Les Prophéties d'Edgar Cayce*, Éditions du Rocher, 1989, et collection « J'ai Lu », 1991.

• *Comment parler avec les animaux*, en collaboration avec le Pr Lecomte et Hugues de Bonardi, Éditions Jean-Jacques Pauvert, 1978, et Trois Suisses, 1985.

• *Les Bons Astromariages*, en collaboration avec Hélène Monsart, et sous le nom de Marguerite de Bizemont, Mercure de France, 1977, Trois Suisses, 1985, Garancière, 1987, et Sand-Tchou, 1992.

• *L'Art des bouquets secs*, Éditions Dessain et Tolra, 1977.

• *Le Petit Guide des rivages*, Fleurus, 1975.

• *Souvenir de nos vies antérieures*, Éditions Christian de Bartillat, 1993.

Adaptations

• *De nombreuses vies, de nombreuses amours*, de Gina Germinara (suite de l'ouvrage *De nombreuses demeures*), Éditions Adyar, 1984.

• *Les Remèdes d'Edgar Cayce*, du Dr William A. Mac Garey, Éditions du Rocher, 1988.

• *Edgar Cayce : recettes de beauté et de santé*, de Laurence Steinhart, Éditions du Rocher, 1990.

• *Edgar Cayce, l'Atlantide et la Grande Pyramide*, de William Fix, Éditions du Rocher, 1991.

TABLE DES MATIÈRES

Achevé d'imprimer en février 1996 par Normandie Roto Impression s.a., 61250 Lonrai
N° d'imprimeur : 960221 – Dépôt légal : février 1996